2021—2022年中国工业和信息化发展系列蓝皮书

2021—2022年中国未来产业发展蓝皮书

中国电子信息产业发展研究院 编著

王世江 主编

韩 健 彭 健 钟新龙 副主编

电子工业出版社
Publishing House of Electronics Industry
北京·BEIJING

内 容 简 介

本书在总结全球及中国未来产业整体发展概况的基础上，从政策环境、行业发展、重点区域、特色园区、企业运营、高校动态、前沿机构等多个维度对中国未来产业发展进行总结和剖析，并对 2022 年中国未来产业发展形势进行研判。全书分为综合篇、政策篇、热点篇、领域篇、区域篇、园区篇、企业篇、学院篇、机构篇和展望篇共 10 个部分 31 章。

本书尝试通过进一步明晰未来产业的内涵与外延，深入研究未来产业发展模式和路径，来把握未来产业发展的核心脉络；旨在对各级领导部门以及地方相关机构起到决策支撑作用，为未来产业发展和选择提供重要参考。

未经许可，不得以任何方式复制或抄袭本书之部分或全部内容。
版权所有，侵权必究。

图书在版编目（CIP）数据

2021—2022 年中国未来产业发展蓝皮书 / 中国电子信息产业发展研究院编著；王世江主编. —北京：电子工业出版社，2022.12
（2021—2022 年中国工业和信息化发展系列蓝皮书）
ISBN 978-7-121-44606-1

Ⅰ. ①2… Ⅱ. ①中… ②王… Ⅲ. ①产业发展－研究报告－中国－2021-2022 Ⅳ. ①F269.2

中国版本图书馆 CIP 数据核字（2022）第 226842 号

责任编辑：陈韦凯　　文字编辑：李　洁
印　　刷：北京虎彩文化传播有限公司
装　　订：北京虎彩文化传播有限公司
出版发行：电子工业出版社
　　　　　北京市海淀区万寿路 173 信箱　　邮编：100036
开　　本：720×1000　1/16　印张：14.5　字数：324.8 千字　彩插：1
版　　次：2022 年 12 月第 1 版
印　　次：2023 年 2 月第 2 次印刷
定　　价：218.00 元

凡所购买电子工业出版社图书有缺损问题，请向购买书店调换。若书店售缺，请与本社发行部联系，联系及邮购电话：(010) 88254888，88258888。
质量投诉请发邮件至 zlts@phei.com.cn，盗版侵权举报请发邮件至 dbqq@phei.com.cn。
本书咨询联系方式：(010) 88254501，lijie@phei.com.cn。

 # 前 言

未来产业是以新一代信息技术、新能源、新材料、新装备、生物技术、信息技术与工业技术深度聚合为驱动,带动技术融合创新、产业深度变革、生产力发展、改善人们生活质量、引领经济社会发展的关键产业,具有战略性、先导性、高成长性等特征。近年来,全球主要发达国家纷纷加强对人工智能、量子信息、先进制造、生物技术、先进通信网络等前沿领域的布局,持续加大研发投入力度,提前谋划颠覆性、变革性产业发展,未来产业已成为衡量一个国家科技创新和综合实力的重要标志。

当前世界处于百年未有之大变局,大国博弈日趋激烈,随着新一轮科技革命和产业变革的蓬勃兴起,第四次工业革命正加速到来。为提升自身的经济和科技实力,世界主要国家和地区均已积极开展对未来产业的谋篇布局,从战略、技术、产业、政策等方面加快关键领域科技创新和应用推广,以期抢占发展新赛道,在国际竞争中占据领先优势。面对全球政治经济秩序的加速变革以及新冠肺炎疫情对于全球经济社会运行造成的重大冲击,亟须寻求拓展出一条具有中国特色的信息科技创新之路,抢抓未来产业发展的先机,这既是我国进入新时期新发展阶段、加快构建新发展格局的客观需要,也是抢占全球科技产业竞争制高点的必然选择。

2020年4月,习近平总书记在浙江考察时明确指出:"要抓住产业数字

化、数字产业化赋予的机遇，加快 5G 网络、数据中心等新型基础设施建设，抓紧布局数字经济、生命健康、新材料等战略性新兴产业、未来产业，大力推进科技创新，着力壮大新增长点、形成发展新动能。"《中华人民共和国国民经济和社会发展第十四个五年规划和 2035 年远景目标纲要》中，更是将"发展壮大战略性新兴产业""前瞻谋划未来产业"作为我国实施科技创新、发展科技强国战略的重中之重。

从国内视角来看，新一轮科技革命和产业变革与我国加快转变经济发展方式形成历史性交汇，产业分工格局正加快重塑，新发展格局正加快构建，对我国抢占发展制高点、培育竞争新优势提出了更高要求。首先，未来产业的发展主要基于颠覆性技术的突破和产业化，并依托于技术与技术之间、技术与产业之间的深度融合。其次，未来产业不仅可以满足社会现有需求，还将创造新应用场景和新消费需求。再次，未来产业将引导市场主体向更先进的生产力聚集，催生新技术、新产业、新业态和新模式。最后，未来产业将帮助我国不断突破认知极限和物理极限，提升社会生产力水平，拓展新的发展和生存空间。

从细分领域上看，以人工智能、先进通信、卫星互联网和生物医药以及新能源、新材料为核心的产业构成了未来产业的焦点领域，尤其是在类脑智能、量子信息、基因技术、未来网络、深海空天开发、氢能与储能等前沿科技和产业变革领域，是谋划布局未来产业的主要着力点。从人才教育上看，建立和完善适应未来产业发展需求的跨专业、跨体系学科是一项长期工程，更是中长期人才培育体系的重中之重。从区域协同上看，在科教资源优势突出、产业基础雄厚的地区，布局一批未来产业技术研究院和先导示范区，推动形成未来产业策源地是发展未来产业的关键路径。此外，针对未来产业多领域深度交织融合的特点，实施产业跨界融合示范工程，打造未来技术应用场景是加速培育未来产业的主攻方向。

为跟踪把握未来产业领域的发展动向，研判产业发展重点和趋势，赛迪智库无线电管理研究所组织编撰了《2021—2022 年中国未来产业发展蓝皮书》。本书在总结全球及中国未来产业整体发展概况的基础上，从政策环境、

行业发展、重点区域、特色园区、企业运营、高校动态、前沿机构等多个维度对中国未来产业发展进行总结和剖析，并对 2022 年中国未来产业发展形势进行研判。全书分为综合篇、政策篇、热点篇、领域篇、区域篇、园区篇、企业篇、学院篇、机构篇和展望篇共 10 个部分。

综合篇：对未来产业发展背景、内涵与外延、发展特点，2021 年全球重点国家和地区未来产业发展情况、2021 年我国未来产业发展基本情况进行分析总结。

政策篇：对 2021 年我国未来产业政策环境进行了分析，对《中华人民共和国国民经济和社会发展第十四个五年规划和 2035 年远景目标纲要》《关于加强科技伦理治理的意见》《深圳市人民政府关于发展壮大战略性新兴产业集群和培育发展未来产业的意见》《关于浙江省未来产业先导区建设的指导意见》等重点政策文件进行了解析。

热点篇：总结论述了 2021 年未来产业领域内的热点事件，针对全球布局未来产业发展行动要点及启示、欧美下一步保障 5G 网络安全举措对比分析等热点问题分别进行事件回顾和分析。

领域篇：重点选取先进通信、量子信息、人工智能、卫星互联网和元宇宙五大细分领域进行专题分析，对各领域 2021 年整体发展情况进行回顾，并从结构、市场、技术等角度总结发展特点。

区域篇：对京津冀、长三角、珠三角、成渝、长江中游城市群等区域进行专题研究，分析各区域未来产业整体发展情况、发展特点和重点行业发展情况。

园区篇：选取中关村国家自主创新示范区、深圳市高新技术产业园区、上海张江高新技术产业开发区、苏州工业园区、西安高新技术产业开发区、杭州高新技术产业开发区、武汉东湖新技术开发区等代表性未来产业园进行专题研究，总结分析了各个园区的总体发展概况和发展特点。

企业篇：选取了先进通信、量子信息、人工智能、卫星互联网和元宇宙五个行业细分领域的代表性骨干企业，分析其发展状况和发展策略。

学院篇：选取了北京大学前沿交叉学科研究院、北京航空航天大学未来空天技术学院等九所设立未来产业学院的高校，介绍未来产业相关学科的建设情况。

机构篇：选取了之江实验室、鹏城实验室等七所具有代表性的研发重点实验室，分析其发展情况和研究方向。

展望篇：在对主要研究机构预测性观点进行综述的基础上，展望2022年我国未来产业整体发展趋势以及部分重点行业发展趋势。

赛迪智库无线电管理研究所重点聚焦信息领域未来产业的相关研究，从未来产业概念、国内外未来产业发展情况的梳理和总结切入，注重研究国内外未来产业的发展动态和趋势，持续强化对政府机构的智力支撑，着力提升区域、园区、企业、人才和研发机构等未来产业发展核心要素的服务能力。希望通过我们的不懈努力，进一步明晰未来产业的内涵与外延，深入研究未来产业发展模式和路径，把握未来产业发展的核心脉络，以期对上级领导部门以及地方相关机构起到决策支撑作用，为未来产业发展和选择提供重要参考。

目录

综 合 篇

第一章 未来产业总体概述 002
第一节 未来产业发展背景 002
第二节 未来产业主要分类 004
第三节 未来产业发展特点 005

第二章 2021年国外重点国家和地区未来产业发展基本情况 006
第一节 美国 006
第二节 欧盟 007
第三节 日本 009
第四节 韩国 010
第五节 以色列 011

第三章 2021年我国未来产业发展基本情况 013
第一节 我国未来产业顶层设计和战略布局逐步清晰 013
第二节 地方政府特色化集群化抢先布局未来产业发展 014
第三节 "平台+载体+实验室"的产业创新体系逐步完善 016
第四节 "高校+企业"的立体化人才培养模式持续优化 018

政　策　篇

第四章　未来产业相关政策 ··········· 022
第一节　《中华人民共和国国民经济和社会发展第十四个五年规划和 2035 年远景目标纲要》 ··········· 022
第二节　《关于加强科技伦理治理的意见》 ··········· 024
第三节　《关于加快推动区块链技术应用和产业发展的指导意见》 ··········· 025
第四节　《"十四五"生物经济发展规划》 ··········· 026
第五节　《"十四五"信息通信行业发展规划》 ··········· 028
第六节　《氢能产业发展中长期规划（2021—2035 年）》 ··········· 029
第七节　《深圳市人民政府关于发展壮大战略性新兴产业集群和培育发展未来产业的意见》 ··········· 031
第八节　《关于浙江省未来产业先导区建设的指导意见》 ··········· 032
第九节　《上海市建设具有全球影响力的科技创新中心"十四五"规划》 ··········· 034

热　点　篇

第五章　未来产业相关热点 ··········· 038
第一节　美国总统科技顾问委员会正式提出未来产业研究所概念和设计框架 ··········· 038
第二节　美国国防部公布《5G 战略实施计划》 ··········· 039
第三节　"墨子号"实现 1200 千米地表量子态传输 ··········· 040
第四节　欧盟提出人工智能监管法草案，构建欧盟统一人工智能治理体系 ··········· 042
第五节　美国夺回超级计算机世界第一，运速突破百亿亿次 ··········· 043
第六节　美国发布《太空安全的未来：未来 30 年的美国战略》 ··········· 045
第七节　俄乌冲突中的"星链"军事化应用值得关注 ··········· 046
第八节　美国发布量子传感技术应用战略计划 ··········· 047

领　域　篇

第六章　先进通信 ··········· 051
第一节　发展情况 ··········· 051
第二节　发展特点 ··········· 054

第七章　量子信息 057
第一节　发展情况 057
第二节　发展特点 059

第八章　人工智能 061
第一节　发展情况 061
第二节　发展特点 063

第九章　卫星互联网 069
第一节　发展情况 069
第二节　发展特点 069

第十章　元宇宙 073
第一节　发展情况 073
第二节　发展特点 075

区　域　篇

第十一章　京津冀地区 078
第一节　整体发展情况 078
第二节　产业发展特点 079
第三节　重点城市及地区 081

第十二章　长三角地区 085
第一节　整体发展情况 085
第二节　产业发展特点 086
第三节　重点城市 088

第十三章　珠三角地区 095
第一节　整体发展情况 095
第二节　产业发展特点 096
第三节　重点城市 098

第十四章　成渝地区 102
第一节　整体发展情况 102
第二节　产业发展特点 104
第三节　重点城市 105

第十五章　长江中游城市群 108
第一节　整体发展情况 108

  第二节 产业发展特点 ……………………………………………………… 109
  第三节 重点城市 …………………………………………………………… 110

园　区　篇

第十六章 中关村国家自主创新示范区 …………………………………… 116
  第一节 园区概况 …………………………………………………………… 116
  第二节 重点产业布局 ……………………………………………………… 117

第十七章 深圳市高新技术产业园区 ………………………………………… 121
  第一节 园区概况 …………………………………………………………… 121
  第二节 重点产业布局 ……………………………………………………… 122

第十八章 上海张江高新技术产业开发区 …………………………………… 125
  第一节 园区概况 …………………………………………………………… 125
  第二节 重点产业布局 ……………………………………………………… 126

第十九章 苏州工业园区 ………………………………………………………… 128
  第一节 园区概况 …………………………………………………………… 128
  第二节 重点产业布局 ……………………………………………………… 129

第二十章 西安高新技术产业开发区 ………………………………………… 132
  第一节 园区概况 …………………………………………………………… 132
  第二节 重点产业布局 ……………………………………………………… 133

第二十一章 杭州高新技术产业开发区 ……………………………………… 136
  第一节 园区概况 …………………………………………………………… 136
  第二节 重点产业布局 ……………………………………………………… 137

第二十二章 武汉东湖新技术开发区 ………………………………………… 139
  第一节 园区概况 …………………………………………………………… 139
  第二节 重点产业布局 ……………………………………………………… 140

企　业　篇

第二十三章 先进通信企业 ……………………………………………………… 145
  第一节 中兴通讯 …………………………………………………………… 145
  第二节 烽火通信 …………………………………………………………… 146
  第三节 中国移动 …………………………………………………………… 147

第二十四章	**量子信息企业**	150
第一节	华为	150
第二节	阿里巴巴	151
第三节	国盾量子	152
第二十五章	**人工智能企业**	154
第一节	寒武纪	154
第二节	旷视科技	155
第三节	第四范式	156
第二十六章	**卫星互联网企业**	159
第一节	中国卫星	159
第二节	银河航天	160
第三节	长光卫星	162
第四节	航天宏图	164
第二十七章	**元宇宙企业**	167
第一节	小鸟看看	167
第二节	大疆	168

学 院 篇

第二十八章	**未来产业学院**	171
第一节	北京大学前沿交叉学科研究院	171
第二节	清华大学未来实验室	173
第三节	北京航空航天大学未来空天技术学院	175
第四节	东北大学未来技术学院	176
第五节	哈尔滨工业大学未来技术学院	178
第六节	上海交通大学未来技术学院	179
第七节	东南大学未来技术学院	181
第八节	中国科学技术大学先进技术研究院	182
第九节	西安交通大学未来技术学院	183

机 构 篇

第二十九章	**新型研发机构**	187
第一节	之江实验室	187

　　第二节　鹏城实验室 …………………………………………………… 189
　　第三节　姑苏实验室 …………………………………………………… 191
　　第四节　紫金山实验室 ………………………………………………… 193
　　第五节　北京智源研究院 ……………………………………………… 194
　　第六节　北京量子信息科学研究院 …………………………………… 195
　　第七节　北京脑科学与类脑研究中心 ………………………………… 197

展　望　篇

第三十章　主要研究机构预测性观点综述 ……………………………… 200
　　第一节　Gartner：2021 年重要战略科技趋势 ……………………… 200
　　第二节　埃森哲：《技术展望 2021》五大重要趋势 ………………… 203
　　第三节　麦肯锡：塑造未来的十大科技趋势 ………………………… 205

第三十一章　2022 年中国未来产业形势展望 …………………………… 209
　　第一节　整体发展展望 ………………………………………………… 209
　　第二节　部分重点行业发展展望 ……………………………………… 212

后记 …………………………………………………………………………… 218

综合篇

第一章

未来产业总体概述

第一节 未来产业发展背景

当前世界处于百年未有之大变局,大国博弈日趋激烈,随着新一轮科技革命和产业变革的蓬勃兴起,为提升自身的经济和科技实力,抢占发展新赛道,世界主要国家和地区均积极开展对未来产业的研究与布局,从战略、技术、产业、政策等方面加快关键领域科技创新和应用推广,发展未来产业已成为一个国家科技创新能力和综合实力的重要标志。

国际层面:早在2008年,德国为摆脱金融危机,启动了"未来投资计划",用于发展前沿技术研究;2010年,德国发布《高技术战略2020》,提出"工业4.0"概念。2010年之后,世界主要国家对未来产业的关注度持续上升。2014年,俄罗斯为实现俄罗斯技术在全球保持领先的主导地位,推出"国家技术计划"。2015年,法国推出"未来工业计划",通过数字技术推动工业生产转型,从而带动经济增长。2016年,俄罗斯发布《联邦科学技术发展战略》,同年日本推出"科学技术基本计划",都旨在以技术创新促进国家经济发展。2017年,日本发布《未来投资战略2017:为实现"社会5.0"的改革》,同年英国为应对人口老龄化问题发布《产业战略:建立适应未来的英国》白皮书。2019年,美国发布《美国将主导未来产业》,并把新兴技术作为未来产业发展的新方向,同年欧盟颁布《加强面向未来欧盟产业战略价值链报告》。

第一章 未来产业总体概述

2020年,德国为缓解新冠肺炎疫情带来的经济影响,推出"新冠肺炎危机刺激计划"。与此同时,日本发布《科学技术创新综合战略2025》,以色列推出"安全网计划"。2021年,美国重启《NSF未来法案》,将科技创新贯穿产业发展始终。到2022年,欧盟出台《欧洲芯片法案》,致力于保持欧盟半导体发展的领先地位。

国内层面:我国率先聚焦未来产业的是深圳市,早在2013年,深圳市出台了《深圳市未来产业发展政策》,重点部署生命健康、海洋、航空航天、机器人、可穿戴设备、智能装备等未来产业。2017年,杭州市出台《杭州市人民政府关于加快推动杭州未来产业发展的指导意见》,聚焦人工智能(AI)、虚拟现实(VR)、区块链、量子技术等具有引领带动作用的未来产业。2018年,沈阳市出台《沈阳市未来产业培育和发展规划(2018—2035年)》,提出构建"3+2"未来产业体系,即3个主导产业(未来生产、未来交通、未来健康)和2个赋能产业(未来信息技术、未来材料)。2019年,厦门市在《关于做强做大高技术高成长高附加值企业三年行动计划(2019—2021年)》中提出全面启动"未来产业培育工程"。2020年4月,习近平总书记在浙江考察时指出:"要抓住产业数字化、数字产业化赋予的机遇,加快5G网络、数据中心等新型基础设施建设,抓紧布局数字经济、生命健康、新材料等战略性新型产业、未来产业,大力推进科技创新,着力壮大新增长点、形成发展新动能"。同年10月,习近平总书记在深圳经济特区建立40周年庆祝大会上提出,要坚定不移实施创新驱动发展战略,培育新动能,提升新势能,建设具有全球影响力的科技和产业创新高地。要围绕产业链部署创新链、围绕创新链布局产业链,前瞻布局战略性新兴产业,培育发展未来产业,发展数字经济。要加大基础研究和应用基础研究投入力度,发挥深圳产学研深度融合优势,主动融入全球创新网络。2021年3月,为加快我国经济转变,构建新发展格局,我国首次将"发展壮大战略性新兴产业"单独纳入《中华人民共和国国民经济和社会发展第十四个五年规划和2035年远景目标纲要》规划中,并明确表示,要提前布局并积极培育发展未来产业,重点是类脑智能、量子信息、基因技术、未来网络、深海空天开发、氢能与储能等前沿科技和产业变革领域。

未来产业概念的历史脉络图见图1-1。

图 1-1 未来产业概念的历史脉络图
（资料来源：赛迪智库整理）

从未来产业概念的历史脉络图中不难看出，随着新一轮科技革命和产业变革的风起云涌，世界主要国家和地区对未来产业理论概念、边界内涵、产业特点的认识逐渐清晰，并尝试性开展未来产业相关政策的制定。进入"十四五"时期，科技领域竞争将是大国博弈的主战场，未来产业成为我国构筑国际竞争优势的重要支撑，我国亟须加快未来技术和产业的研究，提前构建未来产业理论体系，在未来国际竞争中牢牢掌握主动权。

第二节 未来产业主要分类

从未来产业分类来看，当前未来产业重点围绕信息、生命科学、新能源、新材料、深海空天等前沿科技和产业变革领域布局。总体来看，主要分为以下五大细分领域。

（1）信息领域：6G、人工智能、先进计算、量子信息、区块链、元宇宙、卫星互联网等。

（2）生命科学领域：基因技术、多细胞工程、生物制造和加工技术、脑科学等。

（3）新能源领域：先进核能技术、可再生能源发电、储能技术、新型电池、能源效率技术等。

（4）新材料领域：先进工程材料、先进微电子新型材料、电池材料等。

（5）深海空天领域：超高音速技术、太空推进技术、空间技术与系统、深海装备、海上无人装备等。

第三节 未来产业发展特点

总体来看，未来产业具有前瞻性、先导性、创新性、颠覆性、融合性、高潜性六大特点。

（1）前瞻性。发展未来产业需要具有创新及想象力，瞄准世界科技前沿，通过大胆的想象搭建未来产业的新方向、新形式，从而发展成为对世界经济发展有引领和支撑作用的产业。

（2）先导性。未来产业能够引领国家经济实力发生重大突破，为国家的发展指明新方向，拥有广阔的市场空间和应用场景，对未来世界经济发展有引领和带动作用。

（3）创新性。未来产业以重大科学发现或重大技术突破为基础，呈现出依赖基础研究进行原始创新的特征，其技术性能更强、效率更高，能推动前沿技术迭代完善。

（4）颠覆性。未来产业是以技术突破为契机，通过技术革命性创新，使传统产业产生颠覆性、革命性变化，从而催生孕育新业态、新模式，培育经济社会发展的新动能。

（5）融合性。未来产业具有多领域相互交叉的特点，呈现极强的产业关联性。当一种产业发展时，可以带动与它直接和间接关联产业的迅速发展，促进整个经济社会的蓬勃发展。

（6）高潜性。未来产业是未来最具活力与发展潜力的产业，是经济增长的新引擎。当前未来产业发展的技术尚不成熟，产业规模较小，周期较长，当基础技术得到突破，创新能力得到提升，未来产业将会成为引领国际竞争的主导性产业。

2021年国外重点国家和地区未来产业发展基本情况

第一节 美国

美国出台了一系列未来技术创新政策，引导未来产业发展。2019年，美国出台《量子科技国家战略概述》，指出下一场技术革命主要由量子信息科技引领，要加快基础技术取得重大突破。特朗普政府提出"美国将主导未来产业"，并将新兴技术作为未来产业的技术内核。2020年，美国发布《电磁频谱优势战略》，明确提出要继续保持美国在无线通信方面的领导地位，包括支撑5G产业的发展。2020年，美国国家科学委员会（NSB）在《2030愿景》中提出了保持关键技术优势的发展策略，并规划了美国未来10年科技政策和基础研究的走向，为未来产业发展指明道路。

美国建立了专项投资体系支持未来产业发展。一是政府专项投资。美国参议院建议成立新的国家技术基金会（NTF），以政府主导、公私联合的方式推进中度成熟技术的未来产业应用研究。美国国家科学基金委、美国能源部和巨头科技公司于2020年8月宣布将在5年内投资10亿美元，支持建立人工智能和量子信息科学等12家研发机构。二是政府直接采购。美国政府也会根据自身需求直接购买企业的技术服务，如中央情报局通过DARPA、In-Q-Tel等机构和企业，获取最新的信息技术服务以支持美国的情报能力。

第二章 2021年国外重点国家和地区未来产业发展基本情况

美国继续加强重点科学领域的科技创新投入。2021年5月，美国推进《无尽前沿法案》（后更名为《2021年战略竞争法案》），在人工智能、机器学习和其他先进软件开发、高性能计算、半导体和先进计算机硬件、量子计算和信息系统、机器自动化与先进制造、自然和人为灾害防御、先进通信技术、生物技术、医疗技术、基因组学和合成生物学、网络安全、数据存储和数据管理技术、先进能源，电池和工业效能、先进材料科学、工程学和其他重点领域加大投入，促进科技创新。同年10月，白宫科技政策办公室与国家纳米技术协调办公室联合发布《国家纳米技术计划（NNI）战略规划》，以确保美国在纳米技术领域的全球竞争力。

设立专门研究机构整合未来产业创新链。2021年，美国总统科技顾问委员会在《未来产业研究所：美国科学与技术领导力的新模式》报告中正式提出建立一个由多部门参与、公私共建、多元投资、市场化运营等具有独特组织模式、管理结构和运营机制的未来产业研究所（Industries of the Future Institutes），其建设目标是促进从基础研究、应用研究到新技术产业化的全流程整合，推进交叉领域创新和效率的提升。

第二节 欧盟

欧盟及其成员国出台一系列未来产业相关政策，优化未来产业发展环境。完善的政策引导是推进未来产业建设的重要保障，欧盟为加快布局未来产业，先后出台了一系列相关政策法规（见表2-1），从总体目标、发展现状、重点任务及分工保障等方面提出了明确要求，确定了未来发展产业的路线，对优化未来产业布局起到了重要作用。

表2-1 欧盟出台的未来产业相关政策一览表

时间	政策	相关内容
2019年	《面向21世纪的欧洲产业政策德法联合宣言》	呼吁欧盟出台未来产业的战略性布局，改革市场管理体系

续表

时　间	政　　策	相　关　内　容
2019 年	《加强面向未来欧盟产业战略价值链报告》	1. 在科技创新、技术突破方面成为世界的"领跑者"。 2. 构建欧盟可以自主掌控的先进数字信息平台和完整高端制造业体系。 3. 制定战略性政策，促进欧盟制造业的快速发展，推进新产业发展
2020 年	《欧洲数据战略》	
2020 年	《循环经济行动计划》	
2020 年	《欧洲新工业战略》	
2020 年	《欧洲能源系统一体化战略》	
2020 年	《有利于气候的欧洲氢战略》	
2020 年	《人工智能白皮书》	

（资料来源：赛迪智库整理）

欧盟构建了完善独特的协同创新体系，规范未来产业的发展。欧盟协同创新体系具体包括四种模式：一是项目多元合作创新，即不同国家、不同行业、不同类型的机构共同合作、及时交流，采取政府资助、企业投资、民间投资等投资模式，促进前沿技术的融合发展。二是专门机构指导，即在不同地区设立政府创新管理机构和非政府独立机构，如芬兰国家技术创新局、瑞典创新署、德国学会等，指导未来产业的发展。三是建立知识群体，即以高校、研究院和企业的知识三角为基础理念，促进基础科学研究和产业发展相互融合。四是建立虚拟协同创新模式，即通过先进的网络和通信技术构建数字化、虚拟化、网格化、开源化的创新社区，提高成员合作创新能力，形成高效的创新生态系统。

2021 年以来，欧盟作为一个整体积极推进关键核心技术突破。2022 年 2 月，欧盟委员会通过《欧洲芯片法案》，旨在加强欧盟半导体生态系统，确保芯片供应链弹性和减少国际依赖。半导体芯片作为数字技术的核心，对于欧盟工业和社会至关重要，对于推动欧盟绿色和数字化转型不可或缺。《欧洲芯片法案》提出五大目标，即强化欧盟在研究和技术层面的领导地位；建立并强化欧盟在先进、节能和安全芯片设计、制造和包装方面的创新能力，并将其转化为制成品；建立一个适当的框架大幅提高其在 2030 年前的芯片生产能力，减少对外依赖；解决技能短缺问题，吸引创新人才并支持熟练劳动力的培养；加深对全球半导体供应链的了解。

第三节　日本

日本以"技术+应用"推动未来产业的融合发展。2016 年，日本首次提出超智能社会（"社会 5.0"）概念，通过打造下一代数字化平台和智慧城市建设，以"创新的创造"推动社会变革，加速数字化转型，加强作为创新源泉的科研实力，融合人文社会科学才智，实现持续且具有韧性的"社会 5.0"。根据"社会 5.0"愿景，日本提出发展未来产业，并计划投资 26 兆日元促进相关技术研发。2019 年，在达沃斯论坛上，日本首相安倍晋三指出"社会 5.0"的最终目标是依靠物联网、人工智能等科技手段，充分掌握社会的种种精细化需求，并及时供给相应的产品和服务，推动经济增长，缩小贫富差距，变革产业、生活与生存方式。在布局未来产业发展的过程中，日本颁布的相关政策见表 2-2。

表 2-2　日本未来产业相关政策一览表

时　　间	政　　策
2007 年	《日本创新战略 2025》
2016 年	《第 5 期科学技术基本计划（2016—2020）》
2018 年	《未来投资战略 2018——迈向社会 5.0 和数据驱动型社会的变革》
	《集成创新战略》
2020 年	《科学技术创新基本法》

（资料来源：赛迪智库整理）

2021 年以来，日本聚焦前沿技术领域制定发展规划和方案。2021 年 3 月，日本政府宣布成立"半导体·数字产业战略研讨会"来应对半导体短缺的严峻局面，为半导体产业规划蓝图并研究稳定供给的方案。新的研讨会不但研讨如何强化供应链，还将研究有关半导体和数字产业基础设施方面的新产业政策。今后的会议还将讨论有关 5G 和光纤通信基础设施建设以及软件开发等问题的发展方向。3 月 26 日，日本政府发布《第 6 期科技创新基本计划》，作为指导 2021—2025 年科学技术与创新发展的纲领性规划。

第四节　韩国

利用民意调查实现在未来产业领域方面的共识。2022 年 5 月，韩国知识产权局（KIPO）发布未来战略产业技术民意调查结果，公布了韩国民众选出的"改变韩国未来的十大发明技术"，以确定民众在培育未来韩国战略产业技术领域的统一共识。调研结果显示，排名前十的技术领域分别为人工智能（投票占比 15.1%）、机器人（13.8%）、未来汽车（10.4%）、氢气（8.3%）、能源（8.1%）、生物科学（7.5%）、宇宙航天（6.3%）、新材料（6.1%）、电池（5.5%）、半导体（5.2%）。据悉，韩国将根据调查结果大力发展相关产业，例如，人工智能是韩国新政府选定的未来战略产业技术领域，旨在解决半导体、电池等技术的差距；机器人技术是韩国新政府提出的跃升为世界三大强国中长期展望的技术领域；随着全球电动汽车、自动驾驶等市场的激增，韩国也在为确保未来汽车核心领域标准专利而积极地提供支撑。

政府及产学研多方共同培育未来产业人才。2021 年，韩国启动半导体产业人才培养工程，该工程由韩国半导体产业协会主管，6 所大学、41 家中小企业、中坚企业、协会参与，计划通过该工程在 5 年间培养 300 名（每年 60 人）高级研发人员。韩国产业部将基于企业的实际需求为其自主培养人才营造环境，推出需求企业事先参与等项目，并制订灵活及时的支撑计划推动项目重组，还将持续发掘制造、服务融合型人才等新的培养项目。同时，韩国产业部计划扩大大学配额，并提供诸如学士、硕士、博士教育以及实践教育的支持，计划在 10 年里，培训 36000 名半导体行业人才，包括 14400 名学术人士、7000 名专业人才和 13400 名工作人员。除此之外，韩国产业部与韩国产业技术振兴院、韩国电子信息通信产业振兴会、韩国汽车产业协会、韩国汽车研究院、韩国汽车产业合作组织六家机构签署相关合作协议，商定合作培育创新人才，提前应对汽车行业的未来转型需求。根据韩国政府规划，为克服技术难题，到 2025 年以前将在材料领域设立 100 个未来技术研究室，对于优秀课题将给予 8 年以上的长期资金政策支持。

第二章　2021年国外重点国家和地区未来产业发展基本情况

第五节　以色列

以色列通过顶层设计和创新机制，前瞻布局未来产业方向。在深入研究未来产业发展方向的基础上，以色列紧紧把握顶层设计、创新机制的改革，及时敏锐地发现未来产业领域的技术需求。以色列政府高度重视科技创新，早在1969—1979年就确立了国家创新体系，并成立国家创新署。在此基础上，通过成立卓越研究中心、举办未来研究大赛奖、出台相关政策（见表2-3）等措施，为后续各项研发计划的开展奠定了创新基础。加快发展以信息技术、人工智能为代表的战略新兴技术，统筹布局与技术发展相协调的新型基础设施，加快"智慧国度"建设，并推进创新监管体系的建立。

表2-3　以色列未来产业相关政策一览表

时间	政策
1985年	《产业创新促进法》
1993年	《"YOZMA"计划》
2017年	《资本激励计划》
2000年	《孵化器计划》
2020年	《"安全网"计划》

（资料来源：赛迪智库整理）

以色列积极培育多元化创新人才，储备大量未来技术和产业人才。以色列人均从事科研人员数量全球第一，创新能力全球第二。每年都会在特拉维夫举办教育论坛，探讨如何扩充人才数量，推出一系列人才政策，鼓励人才进入科技行业。一方面，在高校设立"创新中心"，开设创新课程，培育创新文化，鼓励学生大胆想象，培养创新型思维。另一方面，军队也制订了"精英计划"，挑选优秀士兵并送往大学学习科学和工程，毕业之后继续在军队中延续大学中研究的领域，实现科技人才的融合发展。

2021年以来，以色列在生命科学产业继续加速发展。根据以色列

高新技术产业协会的数据，目前约有 1750 家从事生命科学的企业活跃在以色列，从业人数超过 84000 人。医疗设备企业占比 40%左右，同时在神经退行性疾病、肝脏疾病、癌症免疫疗法、细胞治疗等方面集聚了一批新兴科技公司，代表性企业包括仿制药企业 Teva，凝胶成像和分析设备公司 DNR，新型制剂公司 PolyPid，被美敦力收购的胶囊内窥镜企业 Given Imaging 等。此外，众多跨国医药公司也在以色列建立分部，包括强生、通用医疗、百利高、菲利普医疗、雅培、默克雪莱、赛诺菲等。

2021年我国未来产业发展基本情况

第一节 我国未来产业顶层设计和战略布局逐步清晰

国家高度重视未来产业发展。2020 年 2 月，习近平总书记在中央政治局常委会会议讲话中提出，要抓住机遇，抓紧布局数字经济等战略性新兴产业、未来产业。同年 4 月，习近平总书记在浙江考察时提出，抓紧布局数字经济、生命健康、新材料等战略性新兴产业、未来产业，大力推进科技创新，着力壮大新增长点、形成发展新动能。2021 年发布的《中华人民共和国国民经济和社会发展第十四个五年规划和 2035 年远景目标纲要》（简称"十四五"规划）明确提出，在类脑智能、量子信息、基因技术、未来网络、深海空天开发、氢能与储能等前沿科技和产业变革领域，组织实施未来产业孵化与加速计划，谋划布局一批未来产业。在科教资源优势突出、产业基础雄厚的地区，布局一批国家未来产业技术研究院，加强前沿技术多路径探索、交叉融合和颠覆性技术供给。实施产业跨界融合示范工程，打造未来技术应用场景，加速形成若干未来产业。近年来，国家层面陆续出台了与未来产业相关的一系列政策文件（见表 3-1），未来产业发展迎来重大的发展机遇。

表 3-1　国家出台的未来产业相关政策

时　间	发布部门	政　策	政策内容
2022 年	中共中央办公厅 国务院办公厅	《关于加强科技伦理治理的意见》	制定生命科学、医学、人工智能等重点领域的科技伦理规范、指南等，完善科技伦理相关标准，明确科技伦理要求，引导科技机构和科技人员合规开展科技活动
2021 年	科技部	《科技创新 2030—"新一代人工智能"重大项目 2021 年度项目申报指南》	以推动人工智能技术持续创新和与经济社会深度融合为主线，围绕大数据智能、跨媒体智能、群体智能等五大方向持续攻关
2021 年	工业和信息化部 中央网信办	《关于加快推动区块链技术应用和产业发展的指导意见》	明确到 2025 年，区块链产业综合实力达到世界先进水平，产业初具规模。到 2030 年，区块链产业综合实力持续提升，产业规模进一步壮大
2020 年	科技部	《国家新一代人工智能创新发展试验区建设工作指引（修订版）》	全面提升人工智能创新能力和水平，打造一批新一代人工智能创新发展样板，探索智能社会建设新路径
2020 年	教育部	《未来技术学院建设指南（试行）》	在面向未来经济社会发展的基础性、关键性领域，凝练独具优势的、基于专业交叉的未来技术特色
2020 年	科技部 财政部	《关于推进国家技术创新中心建设的总体方案（暂行）》	绩效评估主要内容包括承担国家重大战略科技任务、实施关键技术攻关、引领行业技术进步等方面
2020 年	科技部	《长三角科技创新共同体建设发展规划》	提升能够引领未来产业发展方向的技术创新策源力

（资料来源：赛迪智库整理）

第二节　地方政府特色化集群化抢先布局未来产业发展

地方省市持续推进未来产业体系化布局。地方省市相继出台未来产业相关政策支持文件（见表 3-2 和表 3-3），加快对未来产业的布局。早在 2013 年，深圳市就率先发布了《深圳市未来产业发展政策》，是我国地方层面第一个关于未来产业发展的政策文件。2021 年以来，地方政

第三章 2021年我国未来产业发展基本情况

府在"十四五"初期就把握了未来产业发展的时间窗口，密集出台了一系列政策，给未来产业发展营造了良好的发展环境。例如，山西省和沈阳市以"现有产业未来化"和"未来技术产业化"为重要抓手，谋划未来产业的发展目标、重点领域和发展路径。上海市聚焦打造以三大产业为核心的"9个战略性新兴产业+X个面向未来的先导产业"战略性新兴产业和先导产业发展体系。

表3-2 部分省/市未来产业相关政策

省/市	时间	政策
浙江	2022年	《关于浙江省未来产业先导区建设的指导意见》
上海	2022年	《上海市培育"元宇宙"新赛道行动方案（2022—2025年）》
河南	2022年	《河南省未来产业先导区建设工作指引》
山西	2021年	《山西省"十四五"未来产业发展规划》
北京	2021年	《北京市关于加快建设全球数字经济标杆城市的实施方案》
北京	2021年	《北京市"十四五"时期高精尖产业发展规划》
上海	2021年	《上海市战略性新兴产业和先导产业发展"十四五"规划》
河南	2021年	《河南省"十四五"战略性新兴产业和未来产业发展规划》
北京	2019年	《北京促进人工智能与教育融合发展行动计划》

（资料来源：赛迪智库整理）

表3-3 部分城市未来产业相关政策

城市	时间	政策
深圳	2022年	《深圳市培育发展未来产业行动计划（2022—2025年）》
九江	2022年	《关于加快推动九江未来产业发展的指导意见》
厦门	2021年	《厦门市未来产业重要发展方向目录》
成都	2021年	《成都建设国家新一代人工智能创新发展试验区实施方案》
杭州	2020年	《杭州市建设国家新一代人工智能创新发展试验区若干政策》
成都	2019年	《成都市加快人工智能产业发展推进方案（2019—2022年）》
大连	2019年	《大连市新一代人工智能发展规划》
沈阳	2018年	《沈阳市未来产业培育和发展规划（2018—2035年）》
深圳	2013年	《深圳市未来产业发展政策》

（资料来源：赛迪智库整理）

重点区域加快推动未来产业特色化发展。从区域角度看，福建、山东、浙江等沿海地区，重点布局新一代信息技术、新材料、生物技术、智能汽车、现代海洋等产业类型。甘肃、海南、陕西、山西、湖南等中西部地区，依托区域航空航天产业基础和优势，打造航天特种传感器、商业航天和卫星应用等重点发展方向。长三角地区是改革开放以来最具有创新能力、经济发展最繁荣的地区之一，重点布局集成电路、生物医药、新能源汽车、人工智能四大产业。珠江三角洲城市群是改革开放以来最先规划布局的地区，优先发展壮大战略性新兴产业，重点布局人工智能、区块链、卫星互联网、空天科技、量子信息、太赫兹等新兴前沿产业。

第三节 "平台+载体+实验室"的产业创新体系逐步完善

大科学装置（未来产业基础技术创新突破的国家平台）：大科学装置是现代科学技术诸多领域取得突破的必要条件，我国多个区域中心城市竞相部署大科学装置。合肥市在建、已建的大科学装置 7 个，主要聚焦能源、信息、生命、环境四大领域，如合肥离子医学中心、聚变堆主机关键系统综合研究设施等。上海市在建、已建的大科学装置 14 个，包括硬 X 射线、上海光源二期、海底科学观测网、高效低碳燃气轮机试验装置等大科学设施建设。北京在建、已建的大科学装置更是高达 16 个。大科学装置在未来产业基础技术重大突破方面发挥着举足轻重的作用，将有力推动我国未来产业的发展。

新型研发机构（未来产业创新驱动的重要载体）：以投资主体"多元化"、组建模式"多样化"、运行机制"市场化"为特征的新型研发机构是产学研紧密结合的独立法人组织，主要从事研发及其相关活动，是我国创新体系的重要组成部分，已成为我国加快创新驱动发展战略的重要动力。目前，我国新型研发机构（见表 3-4）呈现集中分布的态势，主要分布在北上广深及南京、苏州、成都、重庆、武汉等大城市。

第三章 2021年我国未来产业发展基本情况

表 3-4 未来产业相关的新型研发机构（部分）

机构名称	研究方向
之江实验室	主攻智能感知、人工智能、智能网络、智能计算和智能系统五大科研方向
鹏城实验室	以网络通信、网络空间和网络智能为主要研究方向，开展领域内战略性、前瞻性、基础性重大科学问题和关键核心技术研究
姑苏实验室	主要研究领域包括电子信息材料、能源环境材料、生命健康材料等，目前已在电子信息材料领域逐步开始重点布局
紫金山实验室	紫金山实验室面向网络通信与安全领域国家重大战略需求，以引领全球信息科技发展方向、解决行业重大科技问题为使命
北京智源研究院	勇闯人工智能科技前沿"无人区"，挑战推动人工智能理论、方法、工具、系统和应用，取得变革性、颠覆性突破
北京量子信息科学研究院	面向世界量子物理与量子信息科技前沿，力争在理论、材料、器件、通信与计算及精密测量等基础研究方面取得世界级成果
北京脑科学与类脑研究中心	重点围绕共性技术平台和资源库建设、认知障碍相关重大疾病、类脑计算与脑机智能、儿童青少年脑智发育、脑认知原理解析五个方面开展攻关，实现前沿技术突破
山东未来网络研究院	打造立足山东、服务国家、面向世界的工业互联网重大科技创新平台，为山东制造业转型升级、加快新旧动能转换、实现高质量发展提供有力支撑

（资料来源：赛迪智库整理）

国家重点实验室（未来产业高端科技创新型人才培养基地）：国家重点实验室是国家科技创新体系的重要组成部分，是国家组织高水平基础研究和应用基础研究、聚集和培养优秀科学家、开展高层次学术交流的重要基地，也是我国未来产业高级人才的培养基地，在高校学科建设、科技创新、人才培养和培育国家级科研基地中发挥着越来越重要的作用。部分国家重点实验室（见表 3-5）依托大学、研究院所、企业等单位，面向未来技术进行研发布局。

表 3-5 未来产业相关的国家重点实验室（部分）

研究方向	依托单位
机器感知与智能	北京大学
量子信息与测量	清华大学
新型功能材料	北京工业大学

续表

研 究 方 向	依 托 单 位
空天先进材料与服役	北京航空航天大学
水声通信与海洋信息技术	厦门大学
水声技术	哈尔滨工程大学
泛网无线通信	北京邮电大学
宽禁带半导体材料与器件	西安电子科技大学
生物医学工程	浙江大学
医药生物技术	南京大学
光电材料与技术	中山大学
高分子材料	四川大学
无线移动通信	电信科学技术研究院
模式识别	中国科学院自动化研究所
信息功能材料	中国科学院上海微系统与信息技术研究所
医学分子生物学	中国医学科学院基础医学研究所
分子肿瘤学	中国医学科学院肿瘤医院肿瘤研究所
无线通信接入技术	华为
太阳能光伏发电技术	英利集团
移动网络和移动通信多媒体技术	深圳中兴通讯股份有限公司

（资料来源：赛迪智库整理）

第四节 "高校+企业"的立体化人才培养模式持续优化

探索建立面向未来、交叉融合的学科体系。2018年，教育部正式发布的《教育部关于加快建设高水平本科教育全面提高人才培养能力的意见》提出，要主动布局与战略性新兴产业发展相关的学科专业，如集成电路、人工智能、云计算、大数据、网络空间安全等。2019年，教育部公布的《普通高等学校自设交叉学科名单》，明确其主要任务是解决学科"交叉""融合""跨界"这3个关键词所对应的难题，提出高校开展一批涉及不同领域的交叉学科，培养出社会需要的创新型、复合型、应用型人才。

正式成立首批国家级未来技术学院。2021年5月，教育部办公厅印发《关于公布首批未来技术学院名单的通知》，提出要瞄准未来10～15年的前沿性、革命性、颠覆性技术，突破技术壁垒，提高创新能力，着力培养能够引领未来发展的技术创新领军人才，确定并公布了12所首批未来技术学院名单（见表3-6），其他大学也在积极申请建设未来技术学院。

表3-6 首批未来技术学院名单

名　　称	研 究 方 向
北京大学未来技术学院	以未来生命健康技术为主要方向，围绕生物医学工程和分子医学两大前沿交叉学科开展建设
清华大学未来技术学院	材料科学、微电子学（芯片）、人机交互技术、云计算
东北大学未来技术学院	聚焦工业智能领域，通过控制科学与工程、计算机科学与技术、软件工程、机器人科学与工程等一流学科和一流专业的交叉融合，培养引领未来工业智能技术发展方向的科技创新领军人才
华中科技大学未来技术学院	聚焦先进智能制造、生物医学成像、光电子芯片与系统、人工智能等未来交叉学科技术方向
北京航空航天大学未来空天技术学院	瞄准空天科技前沿领域，培养一批具有想象力、洞察力、执行力、领导力等核心素质的未来空天系统大师
中国科学技术大学未来技术学院	依托中国科学院量子信息与量子科技创新研究院、合肥微尺度物质科学国家研究中心等一流前沿基础交叉研究的科研优势聚焦量子科技领域
东南大学未来技术学院	聚焦智能感知领域
天津大学未来技术学院	聚焦智能机器与系统、储能科学与工程、智慧城市、虚拟现实沉浸式交互设备等领域
上海交通大学未来技术学院	聚焦人工智能、大数据融合、关联图谱等方向
华南理工大学未来技术学院	以人工智能和数据科学为中心，主要布局智能感知器件及设备、大数据与数字孪生、AI+融合技术三大研究方向
西安交通大学未来技术学院	聚焦储能科学工程、人工智能+X、医工交叉、智能制造、智慧城市等方向
哈尔滨工业大学未来技术学院	人工智能、智能制造和生命健康等领域

（资料来源：赛迪智库整理）

企业和高校协同合作打造人才培养新模式。华为ICT学院将华为在行业研究中的领先技术及教育资源引入高校，合作培养行业发展的优秀

人才。阿里巴巴推出"数智化人才"培养新范式，启动阿里云人工智能学院升级计划、工业互联网人才培养基地项目、阿里云新一代数字化学习平台——云中学院，推动产业与技术相互融合，通过与高校合作，开设特定专业，搭建上百个实践教学实验场景，培养涉及人工智能、大数据、云计算等领域的专业技术人才。明月湖国际智能产业科创基地与重庆大学联合开设重庆大学明月科创实验班，其目的是重新构建人才培养模式，实施以项目为驱动的新工科教学模式，突破学科界限，促进学生跨界思考以产生新的知识和创意，培养适应"新经济、新业态、新产业、新技术"的未来产业创新领军人才。

政策篇

第四章

未来产业相关政策

第一节 《中华人民共和国国民经济和社会发展第十四个五年规划和 2035 年远景目标纲要》

一、政策背景

我国已转向高质量发展阶段，制度优势显著，治理效能提升，经济长期向好，物质基础雄厚，人力资源丰富，市场空间广阔，发展韧性强劲，社会大局稳定，继续发展具有多方面优势和条件。同时，我国发展不平衡、不充分的问题仍然突出，重点领域关键环节改革任务仍然艰巨，创新能力不适应高质量发展要求，农业基础还不稳固，城乡区域发展和收入分配差距较大，生态环保任重道远，民生保障存在短板，社会治理还有弱项。2021 年 3 月，《中华人民共和国国民经济和社会发展第十四个五年规划和 2035 年远景目标纲要》发布。明确了坚持创新在我国现代化建设全局中的核心地位，把科技自立自强作为国家发展的战略支撑，面向世界科技前沿、面向经济主战场、面向国家重大需求、面向人民生命健康，深入实施科教兴国战略、人才强国战略、创新驱动发展战略，完善国家创新体系，加快建设科技强国。

二、主要内容

整合优化科技资源配置。以国家战略性需求为导向推进创新体系优

第四章 未来产业相关政策

化组合,加快构建以国家实验室为引领的战略科技力量。聚焦量子信息、光子与微纳电子、网络通信、人工智能、生物医药、现代能源系统等重大创新领域组建一批国家实验室,重组国家重点实验室,形成结构合理、运行高效的实验室体系。优化提升国家工程研究中心、国家技术创新中心等创新基地。推进科研院所、高等院校和企业科研力量优化配置和资源共享。支持发展新型研究型大学、新型研发机构等新型创新主体,推动投入主体多元化、管理制度现代化、运行机制市场化、用人机制灵活化。

加强原创性引领性科技攻关。在事关国家安全和发展全局的基础核心领域,制订实施战略性科学计划和科学工程。瞄准人工智能、量子信息、集成电路、生命健康、脑科学、生物育种、空天科技、深地深海等前沿领域,实施一批具有前瞻性、战略性的国家重大科技项目。从国家急迫需要和长远需求出发,集中优势资源攻关新发突发传染病和生物安全风险防控、医药和医疗设备、关键元器件、零部件和基础材料、油气勘探开发等领域关键核心技术。

建设重大科技创新平台。支持北京、上海、粤港澳大湾区形成国际科技创新中心,建设北京、上海、粤港澳大湾区、合肥综合性国家科学中心,支持有条件的地方建设区域科技创新中心。强化国家自主创新示范区、高新技术产业开发区、经济技术开发区等创新功能。适度超前布局国家重大科技基础设施,提高共享水平和使用效率。集约化建设自然科技资源库、国家野外科学观测研究站(网)和科学大数据中心。加强高端科研仪器设备研发制造。构建国家科研论文和科技信息高端交流平台。

前瞻谋划未来产业。在类脑智能、量子信息、基因技术、未来网络、深海空天开发、氢能与储能等前沿科技和产业变革领域,组织实施未来产业孵化与加速计划,谋划布局一批未来产业。在科教资源优势突出、产业基础雄厚的地区,布局一批国家未来产业技术研究院,加强前沿技术多路径探索、交叉融合和颠覆性技术供给。实施产业跨界融合示范工程,打造未来技术应用场景,加速形成若干未来产业。

第二节 《关于加强科技伦理治理的意见》

一、政策背景

科技伦理是开展科学研究、技术开发等科技活动需要遵循的价值理念和行为规范，是促进科技事业健康发展的重要保障。当前，我国科技创新快速发展，面临的科技伦理挑战日益增多，但科技伦理治理仍存在体制机制不健全、制度不完善、领域发展不均衡等问题，已难以适应科技创新发展的现实需要。为进一步完善科技伦理体系，提升科技伦理治理能力，有效防控科技伦理风险，不断推动科技向善、造福人类，实现高水平科技自立自强，2022年3月20日，中共中央办公厅、国务院办公厅印发了《关于加强科技伦理治理的意见》。

二、主要内容

明确科技伦理原则。科技活动应坚持以人民为中心的发展思想，有利于促进经济发展、社会进步、民生改善和生态环境保护，不断增强人民获得感、幸福感、安全感，促进人类社会和平、可持续发展。科技活动应最大限度避免对人的生命安全、身体健康、精神和心理健康造成伤害或潜在威胁，尊重人格尊严和个人隐私，保障科技活动参与者的知情权和选择权。使用实验动物应符合"减少、替代、优化"等原则。科技活动应尊重宗教信仰、文化传统等方面的差异，公平、公正、包容地对待不同社会群体，防止歧视和偏见。科技活动应客观评估和审慎对待不确定性和技术应用的风险，力求规避、防范可能引发的风险，防止科技成果误用、滥用，避免危及社会安全、公共安全、生物安全和生态安全。科技活动应鼓励利益相关方和社会公众合理参与，建立涉及重大、敏感伦理问题的科技活动披露机制。公布科技活动相关信息时应提高透明度，保持公开透明，做到客观真实。

健全科技伦理治理体制。包括完善政府科技伦理管理体制，压实创新主体科技伦理管理主体责任，发挥科技类社会团体的作用，引导科技人员自觉遵守科技伦理要求等方面。

加强科技伦理治理制度保障。包括制定完善科技伦理规范和标准，建立科技伦理审查和监管制度，提高科技伦理治理法治化水平，加强科技伦理理论研究等方面。

强化科技伦理审查和监管。严格科技伦理审查，加强科技伦理监管。财政资金设立的科技计划（专项、基金等）应加强科技伦理监管，监管全面覆盖指南编制、审批立项、过程管理、结题验收、监督评估等各个环节。加强对国际合作研究活动的科技伦理审查和监管。监测预警科技伦理风险，严肃查处科技伦理违法违规行为。

第三节 《关于加快推动区块链技术应用和产业发展的指导意见》

一、政策背景

区块链是新一代信息技术的重要组成部分，是分布式网络、加密技术、智能合约等多种技术集成的新型数据库软件，通过数据透明、不易篡改、可追溯，有望解决网络空间的信任和安全问题，将有效推动互联网从传递信息向传递价值变革，重构信息产业体系。为贯彻落实习近平总书记在中央政治局第十八次集体学习时的重要讲话精神，发挥区块链在产业变革中的重要作用，促进区块链和经济社会深度融合，加快推动区块链技术应用和产业发展，2021年6月，工业和信息化部、中央网信办联合发布《关于加快推动区块链技术应用和产业发展的指导意见》。

二、主要内容

赋能实体经济。发挥区块链在优化业务流程、降低运营成本、建设可信体系等方面的作用，培育新模式、新业态、新产业，支撑数字化转型和产业高质量发展。推动企业建设基于区块链的供应链管理平台，融合物流、信息流、资金流，提升供应链效率，降低企业经营风险和成本。通过智能合约等技术构建新型协作生产体系和产能共享平台，提高供应链协同水平。在食品医药、关键零部件、装备制造等领域，用区块链建立覆盖原料商、生产商、检测机构、用户等各方的产品溯源体系，加快

产品数据可视化、流转过程透明化，实现全生命周期的追踪溯源，提升质量管理和服务水平。利用区块链打破数据孤岛，实现数据采集、共享、分析过程的可追溯，推动数据共享和增值应用，促进数字经济模式创新。利用区块链建设涵盖多方的信用数据平台，以及社会诚信体系。

提升公共服务。推动区块链技术应用于数字身份、数据存证、城市治理等公共服务领域，支撑公共服务透明化、平等化、精准化，提升人民群众生活质量。建立基于区块链技术的政务数据共享平台，促进政务数据跨部门、跨区域的共同维护和利用，在教育就业、医疗健康和公益救助等公共服务领域开展应用，促进业务协同办理，深化"一网通办"改革，为人民群众带来更好的政务服务体验。利用区块链建立数字化可信证明，在司法存证、不动产登记、行政执法等领域建立新型存证取证机制。发挥区块链在版权保护领域的优势，完善数字版权的确权、授权和维权管理。利用区块链促进城市间在信息、资金、人才、征信等方面的互联互通和生产要素的有序流动。深化区块链在信息基础设施建设领域的应用，实现跨部门、跨行业的集约部署和共建共享，支撑智慧城市建设。

第四节 《"十四五"生物经济发展规划》

一、政策背景

当前，生命科学基础前沿研究持续活跃，生物技术革命浪潮席卷全球并加速融入经济社会发展，为人类应对生命健康、气候变化、资源能源安全、粮食安全等重大挑战提供了崭新的解决方案。"十四五"规划《纲要》明确提出，推动生物技术和信息技术融合创新，加快发展生物医药、生物育种、生物材料、生物能源等产业，做大做强生物经济。为深入贯彻落实党中央、国务院的决策部署，科学规划和系统推进我国生物经济高质量发展，2022年5月，国家发展改革委印发《"十四五"生物经济发展规划》。

二、主要内容

重大科技基础设施建设。建好用好蛋白质科学、多模态跨尺度生物医学成像、模式动物表型与遗传、转化医学、国家种质资源库、农业生物安全科学中心等国家重大科技基础设施。围绕探索生命奥秘、保障人民生命健康、推动农业现代化等需要，加快建设人类细胞谱系、人类器官生理病理模拟、国家作物表型组学等国家重大科技基础设施，不断提升生物领域极限的研究能力。

关键共性生物技术创新平台建设。紧扣支撑服务国家重大战略任务和重点工程，以推动应用和产业转化为目标，在重大传染病防控、重大疾病防治、新型生物药、新型生物材料、精准医学、医学影像和治疗设备、核酸和重组疫苗、生物制造菌种、林源医药、中医药、主粮等重要农产品种源、生物基环保材料、生物质能等重点领域，布局建设临床医学研究中心、产业创新中心、工程研究中心、制造业创新中心、技术创新中心、企业技术中心、生物医药检验检测及技术标准研究中心、中医药传承创新中心等共性技术平台，支撑开展关键共性技术创新和示范应用。围绕加快创新药上市审批、强化上市后监管，建设药品监管科学研究基地，建设抗体药物、融合蛋白药物、生物仿制药、干细胞和细胞免疫治疗产品、基因治疗产品、外泌体治疗产品、中药等质量及安全性评价技术平台。

加强原创性、引领性基础研究。瞄准临床医学与健康管理、新药创制、脑科学、合成生物学、生物育种、新发突发传染病防控和生物安全等前沿领域，实施国家重大科技项目和重点研发计划。加快打造生物领域国家战略科技力量，积极凝聚大团队、集聚大资源、实施大项目、取得大突破。强化国家重大科技基础设施的牵引作用，聚焦"四个面向"超前部署引领性设施，加快转化医学研究、多模态跨尺度生物医学成像等建设，鼓励依托设施建设前沿交叉研究平台，加强设施运行开放和数据共享。

第五节 《"十四五"信息通信行业发展规划》

一、政策背景

2021年11月，工业和信息化部发布《"十四五"信息通信行业发展规划》（以下简称《规划》），包括四大部分、26条发展重点，描绘了信息通信行业的发展蓝图，是未来五年加快建设网络强国和数字中国、推进信息通信行业高质量发展、引导市场主体行为、配置政府公共资源的指导性文件。

与以往的五年规划相比，本次《规划》一方面进一步凸显了信息通信行业的功能和定位：是构建国家新型数字基础设施、提供网络和信息服务、全面支撑经济社会发展的战略性、基础性和先导性行业。另一方面，进一步强化了坚持新发展理念、坚持系统观念方面的有关要求：一是《规划》全面对接国家关于新发展阶段、新发展理念和新发展格局的战略构想和相关规划体系，提出行业高质量发展新思路，设定六大类20个量化发展目标；二是《规划》确定了五个方面26项发展重点和21项重点工程，首次明确提出了加强跨地域、跨行业统筹协调的重点任务，并通过增加工程数量进一步明确了任务落地实施的重点和抓手。

二、主要内容

移动通信核心技术演进和产业推进。体系化推进信息通信技术标准建设和完善，聚焦新一代信息通信技术前沿领域，汇聚产业链上下游、产学研用各方力量，加强标准体系顶层设计和行业标准制定。加强5G增强技术研发和标准制定，推进5G标准、研发、试验等各项工作，完善5G融合行业应用标准，实现5G增强技术标准文稿和技术专利数量保持领先。推动5G产业链快速成熟，加强5G产品研发，加速5GSA模组、终端等设备成熟，努力突破5G毫米波器件等短板，推进5G产业链优化升级。加速5G规模化应用，促进5G行业应用标准化、规范化、规模化发展。开展6G基础理论及关键技术研发，构建6G愿景、典型应用场景和关键能力指标体系，鼓励企业深入开展6G潜在技术研

究，突破技术及产业瓶颈，积极参与 6G 标准研究，形成一批 6G 核心研究成果。

同步构建融合应用和新型设施网络安全保障体系。加快建立车联网网络安全保障体系，扎实推进车联网卡实名登记管理，建立完善车联网卡安全管理技术手段，健全车联网网络安全防护、检查、通报、处置等制度，建设车联网产品安全漏洞专业库，推动建设车联网身份认证和安全信任能力，加快构建车联网安全态势感知技术平台，增强车联网安全保障能力。实施企业"安全上云"工程，提升云网一体、云边协同、云化应用下的大数据中心等云设施安全保障水平。同步建立卫星互联网网络安全保障体系，前瞻布局 6G、量子通信、人工智能等新技术安全。建立健全与工业、能源、交通、医疗等重点行业跨部门、跨领域协同安全工作机制，提高融合应用协同安全水平。

强化核心技术研发和创新突破。加大光通信、毫米波、5G 增强、6G、量子通信等网络技术研发支持力度，跟踪开放无线网络技术研究，加速通信网络芯片、器件和设施的产业化和应用推广。加强网络智能化攻关，推动 5G 与人工智能技术深度融合，提升网络运维效率，提升服务质量和业务体验。加强云计算中心、物联网、工业互联网、车联网等领域关键核心技术和产品研发，加速人工智能、区块链、数字孪生、虚拟现实等新技术与传统行业深度融合发展。推动建立融合发展的新兴领域标准体系，加快数字基础设施共性标准、关键技术标准制定和推广。充分发挥龙头企业技术外溢和集成整合作用，加强产学研用多方协同攻关，支持开展跨界研发，解决一批"卡脖子"技术问题，构建有核心竞争力的技术体系和创新生态，实现产业链和创新链有效衔接，整体提升产业链基础能力和供应链安全水平。

第六节 《氢能产业发展中长期规划（2021—2035年）》

一、政策背景

氢能是一种来源丰富、绿色低碳、应用广泛的二次能源，对构建清

洁低碳安全高效的能源体系、实现碳达峰碳中和目标，具有重要意义。《中共中央国务院关于完整准确全面贯彻新发展理念做好碳达峰碳中和工作的意见》要求，统筹推进氢能"制储输用"全链条发展，推动加氢站建设，推进可再生能源制氢等低碳前沿技术攻关，加强氢能生产、储存、应用关键技术研发、示范和规模化应用。2021年10月，国务院印发《2030年前碳达峰行动方案》的通知要求，加快氢能技术研发和示范应用，探索在工业、交通运输、建筑等领域规模化应用。"十四五"规划《纲要》提出，在氢能与储能等前沿科技和产业变革领域，组织实施未来产业孵化与加速计划，谋划布局一批未来产业。为促进氢能产业规范有序高质量发展，经国务院同意，2022年3月，国家发展改革委、国家能源局联合印发《氢能产业发展中长期规划（2021—2035年）》。

二、主要内容

持续提升关键核心技术水平。加快推进质子交换膜燃料电池技术创新，开发关键材料，提高主要性能指标和批量化生产能力，持续提升燃料电池可靠性、稳定性、耐久性。支持新型燃料电池等技术发展。着力推进核心零部件以及关键装备研发制造。加快提高可再生能源制氢转化效率和单台装置制氢规模，突破氢能基础设施环节关键核心技术。开发临氢设备关键影响因素监测与测试技术，加大氢能制取、储存、运输、应用全链条安全技术开发应用。持续推进绿色低碳氢能制取、储存、运输和应用等各环节关键核心技术研发。持续开展光解水制氢、氢脆失效、低温吸附、泄漏/扩散/燃爆等氢能科学机理，以及氢能安全基础规律研究。持续推动氢能先进技术、关键设备、重大产品示范应用和产业化发展，构建氢能产业高质量发展技术体系。

着力打造产业创新支撑平台。聚焦氢能重点领域和关键环节，构建多层次、多元化创新平台，加快集聚人才、技术、资金等创新要素。支持高校、科研院所、企业加快建设重点实验室、前沿交叉研究平台，开展氢能应用基础研究和前沿技术研究。依托龙头企业整合行业优质创新资源，布局产业创新中心、工程研究中心、技术创新中心、制造业创新中心等创新平台，构建高效协作创新网络，支撑行业关键技术开发和工程化应用。鼓励行业优势企业、服务机构，牵头搭建氢能产业知识产权

运营中心、氢能产品检验检测及认证综合服务、废弃氢能产品回收处理、氢能安全战略联盟等支撑平台，结合专利导航等工作服务行业创新发展。支持"专精特新"中小企业参与氢能产业关键共性技术研发，培育一批自主创新能力强的单项冠军企业，促进大中小企业协同创新融通发展。

第七节 《深圳市人民政府关于发展壮大战略性新兴产业集群和培育发展未来产业的意见》

一、政策背景

近年来，深圳深入实施创新驱动发展战略，大力推进制造强市建设，持续推进产业转型升级，推动战略性新兴产业发展取得积极成效。深圳规上工业总产值连续三年位居全国城市首位，新一代信息通信等4个集群入选国家先进制造业集群，新型显示器件等3个集群入选首批国家级战略性新兴产业集群发展工程，但是制造业发展不平衡、不充分问题仍然存在，战略性新兴产业布局还需进一步优化，发展后劲仍需进一步增强，产业链、供应链的竞争力和抗风险能力还需进一步提升。"十四五"是深圳实现建设中国特色社会主义先行示范区第一阶段发展目标的关键时期，也是把握全球新一轮科技革命和产业变革趋势、提升现代产业体系竞争力的重要战略机遇期。立足深圳实际，紧密围绕服务制造强国、制造强省建设，发展以先进制造业为主体的战略性新兴产业，前瞻布局未来产业，对于稳住深圳制造业基本盘，保持制造业增加值占地区生产总值比重基本稳定，增强实体经济发展后劲，加快建设具有全球影响力的科技和产业创新高地意义重大。2022年6月，《深圳市人民政府关于发展壮大战略性新兴产业集群和培育发展未来产业的意见》正式发布。

二、主要内容

合成生物。重点发展合成生物底层技术、定量合成生物技术、生物创制等领域，加快突破人工噬菌体、人工肿瘤治疗等创制关键技术，推进合成生物重大科技基础设施建设，建设合成生物学研发基地与产业创

新中心。

区块链。重点发展底层平台技术、区块链+金融、区块链+智能制造、区块链+供应链等领域，推动在技术框架、测评体系、应用规范、跨链互操作等领域形成一批技术标准和规范，打造区块链创新引领区。

细胞与基因。重点发展细胞技术、基因技术、细胞与基因治疗技术、生物育种技术等领域，完善细胞和基因药品审批机制、监管体系、临床试验激励机制、应用推广机制，加快建设细胞与基因产业先导区。

空天技术。重点发展空天信息技术、先进遥感技术、导航定位技术、空天装备制造等领域，推动航空航天材料及部件、无人机、卫星等技术创新，规划建设国内领先的空天技术产业研发与制造基地。

脑科学与类脑智能。重点发展脑图谱技术、脑诊治技术、类脑智能等领域，开展类脑算法基础理论研究与前沿技术开发，推进脑解析与脑模拟重大科技基础设施建设，抢占脑科学领域发展制高点。

深地深海。重点发展深地矿产和地热资源开发利用、城市地下空间开发利用、深海高端装备、深海智能感知、深海信息等领域，推进国家深海科考中心、海洋大学等重大项目建设，打造深地深海科技创新高地。

可见光通信与光计算。重点发展可见光通信技术、光计算技术等领域，推动建立可见光通信标准化体系，布局一批高价值专利，促进可见光通信技术与光计算技术的应用示范，培育可见光通信技术与应用创新产业集群。

量子信息。重点发展量子计算、量子通信、量子测量等领域，建设一流研发平台、开源平台和标准化公共服务平台，推动在量子操作系统、量子云计算、含噪声中等规模量子处理器等方面取得突破性进展，建设粤港澳大湾区量子科学中心。

第八节 《关于浙江省未来产业先导区建设的指导意见》

一、政策背景

未来产业是由突破性和颠覆性的前沿技术所推动的，在未来能发展

成熟和产业转化,对经济社会发展具有重要支撑带动作用,但当前尚处于孕育孵化阶段的新兴产业。未来产业已成为衡量国家或地区科技创新和综合实力的重要标志,是浙江省培育经济的新增长点,塑造竞争新优势的重要着力点。未来产业先导区是以需求为导向,以未来技术应用和产业化为目标,构建创新资源持续汇聚、创新成果高效转化、产业生态迭代完善的高端产业集聚发展平台,将引领新一轮科技革命和产业变革。2022年1月,浙江省紧抓新科技革命和产业变革机遇,按照"需求导向、前瞻布局、创新驱动、应用牵引、跨界融合、开放共赢"的原则,发布《关于浙江省未来产业先导区建设的指导意见》,以未来技术突破和数字化改革催生新动能,构建"源头创新—技术转化—产品开发—场景应用—产业化—产业集群"的未来产业培育链路,推动生产力和生产关系深刻变革。浙江省成为未来技术创新策源地、创新成果转化试验地、未来场景应用引领地、未来产业发展集聚地。

二、主要内容

打造未来技术创新策源地。实施未来科技攻关计划,凝练具有重大变革性特征的关键技术与方向,加强前沿性技术多路径探索、交叉融合和颠覆性技术供给,力争取得一批填补空白引领未来的重大成果。加快未来技术创新平台建设,推进之江实验室、西湖实验室等浙江省实验室建设,积极争创国家级重大创新平台,前瞻打造一批未来技术学院、未来产业技术研究院,加快新型实验室体系和技术(制造业/产业)创新中心建设。高水平布局创新基础设施,加快重大科技基础设施、科教基础设施、产业技术创新基础设施、工程研究中心谋划布局,积极争取综合性国家科学中心、大科学装置,探索基础研究与未来产业联动发展路径。

创建创新成果转化试验地。构建全球化未来产业创新孵化网络,布局一批海外技术转移网络节点、国际技术转移和创新合作中心,打造全球化"成果+人才+资本+市场"创新转化模式。建立未来技术成果产业化机制,开展未来技术成果产业化试点,探索构建创新成果产业化新机制,形成以科技成果转化为标准的评价和服务体系。支持高校院所设立未来产业技术转移转化机构。实施未来产业标准引领计划,发挥浙江省数字经济优势，整合产业链上下游力量，在人工智能、区块链、未来网络、空天一体化等领域引领国际标准生态体系建设，掌握一批未来产业标准话语权。

建设未来场景应用引领地。建设未来技术早期应用场景，开启"技术催生新需求"和"需求引导新技术"双向通道，加大医疗服务、智能交通、城市安全、智能电网等真实应用测试空间开放力度。以企业为主体，建设一批覆盖研究开发、中试验证、场景应用等全链条的未来产业中试中心。开发未来技术跨界应用场景，实施未来产业跨界融合示范工程，加大未来技术跨学科、跨领域和非常规拓展应用，构建多领域、多维度场景创新体系。搭建典型未来产业应用场景，以"未来工厂"为试点，开发未来技术生产制造应用场景，搭建标准化试验验证平台，引领新一轮智能制造技术革新。以"未来社区"为试点，建设未来技术生活应用试验场所和展示平台，促进未来产业在民生领域的应用迭代。

发展未来产业发展集聚地。培育未来产业企业梯队，着力培育一批未来产业新物种企业，大力引进和培育一批未来产业头部企业和标杆企业。布局未来产业重大项目，以重大科技突破为引领，重点支持培育具备"换道超车"潜力的未来产业。以创建综合性国家科学中心为牵引，发挥网络协同效应整合创新资源，积极推动重大项目落地。培育新型"十联动"产业生态，加快形成以基础研究带动应用技术突破、以技术引领产业发展、以产业推动技术创新的良性循环生态，培育和储备一批全球有竞争力、国内有影响力和省内有特色的未来产业集群。突破创新资源区域分布制约，搭建网络虚拟平台、"互联网+"创新创业产业园，推动具有产业链和价值链内在联系的"产学研用金"机构在虚拟空间集聚。

第九节 《上海市建设具有全球影响力的科技创新中心"十四五"规划》

一、政策背景

加快建设具有全球影响力的科技创新中心，是以习近平同志为核心的党中央赋予上海市的重大任务和战略使命，是上海市加快推动经济社

会高质量发展、提升城市能级和核心竞争力的关键驱动力，是我国建设世界科技强国的重要支撑。根据《上海市推进科技创新中心建设条例》《中共上海市委、上海市人民政府关于加快建设具有全球影响力的科技创新中心的意见》《上海市国民经济和社会发展第十四个五年规划和二〇三五年远景目标纲要》，为进一步加快推进上海市向具有全球影响力的科技创新中心进军，2021年9月，国家发展改革委会同上海市人民政府发布《上海市建设具有全球影响力的科技创新中心"十四五"规划》。

二、主要内容

加快推进张江综合性国家科学中心建设。以全球视野、国际标准推进张江综合性国家科学中心建设，依托国家实验室、重大科技基础设施集群等战略科技力量，在若干重点领域，推动战略性、前瞻性、变革性、基础性、系统性重大创新，着力形成重点领域核心基础原创能力。

加强基础研究前瞻布局。在脑科学与类脑人工智能领域，保持上海脑科学与类脑研究国际领先优势，支撑实现脑启发人工智能颠覆性技术，带动脑健康、类脑智能产业革命。重点方向：（1）围绕脑认知原理、重大脑疾病机理与类脑智能关键科学问题，推进认知神经环路机制、灵长类脑图谱、认知障碍相关脑疾病机制与干预、类脑计算、脑机融合等研究取得重大突破。（2）推动相关领域市级科技重大专项、上海脑科学与类脑研究中心建设取得显著进展，启动实施大科学计划。在量子科技领域，围绕量子信息新原理新效应、量子技术新途径与量子效应形成新使能技术的关键科学问题，加强前沿探索并取得新突破，推动下一代信息技术、通信安全和计算技术取得巨大进步，进入全球量子信息创新先驱行列。在核心算法与未来计算领域，聚焦计算科学前沿和交叉研究，推动未来计算技术创新发展与应用，提升对前沿科学与重点领域研究的支撑能力。重点方向：（1）推进现代算法应用，发展新型算法，在人工智能、现代密码学、高性能计算、量子计算、物理器件与计算等算法问题上取得突破。（2）增强人工智能算法的实用性、新型计算系统的高性能与安全性。在空间科学领域，围绕国家空间科技发展战略任务，显著增强上海空间科学探索能力与空间技术竞争力，提升上海空间科技支撑应对社会经济发展重大挑战的能力水平。重点方向：（1）推动空间天文

学与空间物理、太阳系探测、微重力科学和空间生命科学等领域取得新发现。（2）推动超静超精超稳空间科学卫星平台、惯性传感器、超高灵敏度红外探测、超精度激光干涉测量等关键领域科学取得新突破。（3）支持空间科学应对全球气候变化、生态退化、重大自然灾害以及能源、资源短缺等问题取得突破。

热点篇

第五章

未来产业相关热点

第一节 美国总统科技顾问委员会正式提出未来产业研究所概念和设计框架

一、事件回顾

2021年1月,美国总统科技顾问委员会在《未来产业研究所:美国科学与技术领导力的新模式》中正式提出了未来产业研究所的概念和设计框架,未来产业研究所是面向国家战略需求组建,多部门参与、公私共建、多元投资、市场化运营的研发机构,具有独特的组织模式和管理机制。未来产业研究所建设的主要目标是促进从基础研究、应用研究到新技术产业化的创新链全流程整合,从而推进交叉领域创新,促进创新效率提高,成为美国未来产业研发体系中的核心主体。

二、事件评析

当前未来产业已成为衡量一个国家科技创新和综合实力的重要标志。美国通过积极筹建未来产业专业研究机构,加强了对人工智能、量子科技、先进制造、未来通信、医药健康等前沿领域的布局和研发投入力度。我国则通过引领新需求、立足新科技、创造新动力、拓展新空间,将在类脑智能、量子信息、基因技术、未来网络、深海空天等前沿科技和产业变革领域,组织实施未来产业的孵化与加速计划。

以国家战略需求和未来产业竞争为导向,建立国家级高效能未来产业研究机构。此次美国提出的概念和设计框架,目标直指建立或准备筹建国家级未来产业研究机构,在战略高度上重视未来产业的发展,并出台一系列政策和法案扶持人工智能、量子信息、未来网络、生命健康等重点产业的发展。面向世界科技竞争前沿领域,我国也应成立专门的未来产业研究机构,聚焦未来行业变革,以筛选出具有战略意义和长远价值的未来产业进行重点扶持,统筹财政、技术、资金、人才等各方资源,从而推动未来产业的培育与发展。

打破传统科研机构的行政壁垒和限制,增强未来产业研究机构的自主性和创新活力。针对我国未来产业研究机构的组织设计和管理方式的建设路径,可借鉴美国总统科技顾问委员会对未来产业研究所的筹建模式,面向国家重大战略需求,强化国家对新型研发机构的纵向垂直和扁平化管理,赋予研究机构更多的自主管理权以提高其主观能动性,在人员配置、产业选择等方面与国家战略更好地结合,聚焦大数据、物联网、人工智能、量子科技、未来通信、生物医药等重点未来产业的发展。政府部门应建立未来产业研究机构与财政、科研、人才服务等相关部门的协调联动机制,为未来产业研究机构的稳定发展保驾护航。

以未来产业研究机构为载体和契机,畅通未来新技术产业化衔接与配合的通道。传统研究机构往往聚焦基础研究或应用研究的某一环节,造成了各阶段研究成果的割裂和衔接障碍,不利于整个研发体系的有效运转。我国可借鉴美国的多部门参与、公私共建、多元投资、市场化运营的新型研发机构的打造模式,建立覆盖从基础研究、应用研究到新技术产业化的全链条全生命周期的管理机制,具备独特的战略视角和研究优势。此外,面向经济技术主战场,我国应加强对未来产业培育和发展的全链条全周期管理,探索产业从底层科学技术支持到核心技术研发再到新技术产业化规模化的完整路径,从而提高资源投入效率和未来产业发展效能。

第二节　美国国防部公布《5G战略实施计划》

一、事件回顾

2021年1月5日,美国国防部公布《5G战略实施计划》,为国防部对 5G 网络的使用和推进提供了路线图，其中明确了美国国防部保障 5G 网络安全关键目标的努力方向。此前，欧盟网络安全局（ENISA）于 2020 年 12 月发布了《5G 网络威胁态势报告》，探讨了未来应如何利用安全技术减少 5G 网络安全风险，对 5G 安全生态系统中的利益相关方提出了创新性建议。两份文件均针对 5G 网络安全风险及漏洞攻击提出了各自的意见和建议，通过分析可得到美国与欧盟应对 5G 网络威胁措施的相同之处和各自的创新之举。

二、事件评析

相同点方面，一是双方均强调应重视 5G 网络威胁情报与安全评估工作。包括对 5G 网络、平台或系统进行风险分析，以识别、评估和管理相关风险；考虑与 5G 相关的其他安全漏洞，了解安全漏洞引入 5G 的潜在风险以及缓解策略，并在开发过程和整个系统寿命周期中实施安全测试和漏洞检测；部署 5G 网络、平台或系统后，应进行额外的安全测试等。二是双方均提出应制定 5G 网络及其应用的公共安全标准和安全保障体系。包括制定 5G 网络风险管理战略、指导方针和程序，通过标准机构与行业合作发布 5G 威胁应对最佳实践等。

除上述两点相同之处外，美国与欧盟双方在应对 5G 网络威胁时也各有不同的侧重点。美国国防部创新性提出了 5G"全程运营"的概念，提倡 5G 网络保护的全球运作，并以 5G 的底层设备和软件是不可信的作为假设前提，加强零信任模型在 5G 网络安全技术开发和验证上的应用。欧盟则强调 5G 安全领域的差异化研究。一方面，建议 5G 市场利益相关方，依据现有电信领域通用模型和框架分析 5G 相关应用的差异性；另一方面，建议 5G 网络安全领域的国家主管机构，着重对 5G 网络安全措施涉及的各领域进行差异分析。此外，欧盟还重视 5G 领域重要安全概念的一致性，强调政策法规、项目文件等 5G 相关文件中使用的术语应做到规范化。

第三节 "墨子号"实现 1200 千米地表量子态传输

一、事件回顾

新华社合肥站记者 2022 年 5 月 6 日从中国科学技术大学获悉，中

国科学技术大学潘建伟院士及其同事彭承志、陈宇翱、印娟等近期利用"墨子号"量子科学实验卫星，首次实现了地球上相距 1200 千米两个地面站之间的量子态远程传输，向构建全球化量子信息处理和量子通信网络迈出重要一步。相关研究内容于 2022 年 4 月 26 日在线发表在国际知名学术期刊《物理评论快报》（*Physical Review Letters*）上。据新华网报道，审稿人认为，"这个实验比以前的实验更具挑战性，克服了重大技术挑战，对未来量子通信应用具有重要意义"。2012 年，潘建伟团队在国际上首次实现百余千米自由空间量子隐形传态。10 年后，他们成功实现突破，创造了 1200 千米地表量子态传输的世界新纪录。

二、事件评析

利用量子隐形传态来实现远距离量子态传输，是构建量子通信网络的重要实现途径之一，也是实现多种量子信息处理任务的必要元素。通过远距离量子纠缠分发的辅助，量子态可通过测量然后再重构的方式完成远距离的传输，传输距离在理论上可以是无穷远。但在实现中，量子纠缠分发的距离和品质会受到信道损耗、消相干等因素的影响。如何突破传输距离的限制，一直是该领域重要研究目标之一。

利用星载纠缠源向遥远的两地先进行纠缠分发，再进行量子态的制备与重构，是实现远距离量子态传输的最可能路径之一。然而，由于大气湍流的影响，光子在大气信道中传播后，实现基于量子干涉的量子态测量是非常困难的。在以往的实验中，量子态传输的制备方都是量子纠缠源的拥有者，不是真正意义上由第三方提供纠缠来实现先分发后传态的量子态传输。随着"墨子号"量子科学实验卫星的成功发射，潘建伟团队首先实现了千千米的双站纠缠分发，"墨子号"平台为量子通信实验提供了宝贵的纠缠分发资源。

为了克服远距离湍流大气传输后的量子光干涉难题，实验团队利用光学一体化粘接技术，实现了具有超高稳定性的光干涉仪，无须主动闭环即可长期稳定。结合基于双光子路径，偏振混合纠缠态的量子隐形传态方案，在云南丽江站和青海德令哈地面站之间完成了远程量子态的传输验证，并且在实验中对 6 种典型的量子态进行了验证，传送保真度均超越了经典极限。1200 千米的距离为目前地表量子态传输的新纪录。

该工作为未来构建全球化的量子信息处理网络奠定了重要基础。

第四节 欧盟提出人工智能监管法草案，构建欧盟统一人工智能治理体系

一、事件回顾

2021年4月21日，欧盟委员会提出人工智能监管框架草案，即制定统一的人工智能规则（人工智能法）并修正某些联合立法行为（以下简称草案），对可信赖的人工智能提出系列要求，并规定价值链所有参与者的义务，为企业和政府如何利用人工智能提供规则体系，旨在使欧洲成为全球可信人工智能中心。这是全球第一个人工智能的专门系统规范，欧盟希望借此成为制定新全球标准的先锋，并为开发符合伦理的技术开辟道路。

二、事件评析

草案明确人工智能系统禁止和限制使用规则。草案采用基于比例原则的风险控制方法，最大限度地平衡人工智能发展和安全的关系。根据风险分级，将人工智能系统风险分为不可接受的风险、高风险、最低或最小风险。一是禁止具有不可接受风险的人工智能系统在市场投放。主要包括对人类安全和权利构成明显威胁的人工智能系统，包括操纵人类行为或绕过用户自由意志；可导致个人身体或心理受到伤害的，例如，使用语音协助鼓励未成年人危险行为的玩具；政府对个人人格特征、社会信用进行的"社会评分"，导致对个人或群体产生歧视或不利待遇。二是限制高风险人工智能系统在市场投放。主要指人工智能系统功能、目的和方式的特定规则，可能危及自然人的健康、安全或基本权利，主要涉及交通运输、考试评分、在机器人辅助手术中的应用、招聘、信用评分、移民、庇护和边境管制、司法和民主程序等领域。只有在符合某些强制性要求和事前合格评估的前提下，高风险人工智能系统才被允许进入欧洲市场。为此需要部署适当的风险评估和风险缓解系统；为系统提供高质量数据集，最大限度地降低风险和歧视性结果；记录相关活动以确保结果的可追溯性；提供记录系统目的及有关必要信息，供当局评

估其合规性；向用户提供清晰、充分的信息说明；部署适当的人为监督措施，最大限度地降低风险；确保高水平的稳定性、安全性和准确性。三是风险有限人工智能系统需遵守透明度义务。聊天机器人、情绪识别系统或生物特征分类系统及深度伪造系统应告知系统自然人，其正在与机器进行交互，可做出是否继续使用的决定。四是风险最低的人工智能系统可自由使用，如人工智能赋能的视频游戏或垃圾邮件过滤器等应用程序。

草案力图构建欧盟统一人工智能监管体系。一是构建联盟—成员国两级治理体系。在联盟层面，建立欧洲人工智能委员会（简称"委员会"），由成员国和委员会的代表组成，促进国家监管机构有效合作，促进法规有效和统一实施。在成员国层面，成员国指定一个或多个国家主管部门监督法规实施。国家监管机构负责调查高风险人工智能系统的义务和要求的遵守情况，调查对公民基本权益产生影响的安全事件，并定期将调查信息与元数据一起发送给委员会。二是建立欧盟高风险人工智能系统数据库。数据库由委员会运作，人工智能系统提供者将系统投放市场前，必须先注册并提供合格评定的有效信息、主管部门、用户等，可验证高风险的人工智能系统是否符合法规要求，并对那些对基本权利构成高风险的人工智能系统加强监督。三是鼓励非高风险人工智能系统的提供者制定行为守则，促进自愿采纳适用于高风险人工智能系统的强制性要求，并实施"监管沙盒"以促进负责任的创新行为。

第五节　美国夺回超级计算机世界第一，运速突破百亿亿次

一、事件回顾

2022年5月30日新公布的榜单显示，美国的超级计算机Frontier每秒浮点运算次数突破百亿亿次，重回世界第一的宝座。而中国最强大的超级计算机"神威·太湖之光"也曾经霸榜，然而2022年在世界上的排名仅仅为第六位。国际"TOP500"组织是发布已安装超级计算机排名的权威机构，名次每半年变动一次。2022年上半年的榜单已经公布，美国似乎成了这次最大的赢家。根据这次公布的结果，美国橡树岭

国家实验室的超级计算机 Frontier 实测性能达到 1102Pflop/s（千万亿次/秒），这个规模的数据也被称为 E 超算。

二、事件评析

在美国重新登顶之前，日本的超级计算机"富岳"已经连续两年霸榜，这次退居第二名，而且美国参与测评的超级计算机的算力接近日本的 2 倍，差距还是非常大的。在这次榜单的前十名中，有两个是中国的，分别是排名第六位的"神威·太湖之光"和排名第九位的"天河二号"。而美国在前十名中有 5 个，除了排名第一的 Frontier，另外 4 个的排名分别是第四、第五、第七和第八。芬兰和法国在前十名中也各占一席。在这次榜单中，有 173 台超级计算机来自中国，有 127 台来自美国。

全球超级计算机 500 强榜单成立的目的是为了推动世界超级计算机的交流与合作。但是就像科学家是有国界的，这个榜单也是各国竞争的舞台，要考虑的东西就不仅仅是数据上的胜负了。1976 年，世界上第一台超级计算机在美国诞生，而我国第一台超级计算机的名字是"银河"，诞生时间是 1983 年。我国的超级计算机起步时间是比较晚的，但是令国外没有想到的是中国的崛起速度。2010 年 11 月，中国研制的超级计算机"天河一号"第一次实现登顶，向世界发出了自己的声音，记录保持了一年左右。"天河一号"的研发为我国的天气预报、航天和气候预报等领域做出了重要贡献。2013 年下半年，中国研制的超级计算机"天河二号"再次登顶，在接下来的 4 届排名中，依然保持第一。这个时候就发生了有意思的事情，因为我们研究的"天河二号"中使用了美国英特尔公司研发的芯片技术，于是美国在 2015 年对中国实行芯片禁运，想要借此打败我国。事实表明美国还是小看了中国，在 2016 年 6 月，中国研制的"神威·太湖之光"登顶世界第一，这次完全没有采用美国的芯片，证明了中国的实力。

美国对华为芯片的封锁还是老调重弹，但是它确实抓住了我国存在的短板。"神威·太湖之光"的独自研发已经证明了我国的研发能力，就像我国的乒乓球一样，看待它的心态已经不同了。在"十三五"规划期间，我国已经完成 3 个 E 级超算的原型机系统的交付，现在过去这么长时间，肯定又有了新的突破。这个榜单排名已经失去了它的初衷，只

是在比较数据的多少，毕竟超级计算机还是要为国家发展服务。中国在超级计算机的排名中选择低调，这并不影响我国的发展速度，经济发展才是看得见的成果。技术标准还是要与世界水平看齐，要补全自己的短板，美国所采用的手段是让我们保持清醒的良药。

第六节 美国发布《太空安全的未来：未来 30 年的美国战略》

一、事件回顾

2021 年 4 月，美国智库大西洋理事会斯考克罗夫特战略与安全中心发布《太空安全的未来：未来 30 年的美国战略》(*The Future of Security in Space: A Thirty-Year US Strategy*)研究报告。报告建议美国优先发展"作战响应空间技术群、在轨服务技术群、新兴防御技术群"等能够提升未来太空体系弹性的关键技术。该报告对未来 30 年美国在太空安全领域的战略进行了预测性研究，研究给出了短期（2021—2025）、中期（2025—2040）、长期（2040—2050）3 个时间段内，美国在太空治理法律法规架构、太空安全联盟、太空商业化、地月轨道空间利用等方面的安全战略。

二、事件评析

弹性卫星网络成为下一代太空体系架构的基础。2019 年 7 月，美国太空发展局（SDA）提出构建下一代太空七层体系架构，当前 SDA 的建设重点放在了"传输层 0 期"。传输层是弹性太空体系的主干，旨在为全球范围内的作战人员应用提供可靠、灵活、低延迟的军事数据和连接。2019 年 7 月，美国太空发展局发布了首份信息征询书，阐述了下一代太空体系架构发展设想，提出由"传输层、跟踪层、监视层、威慑层、导航层、作战管理层、支持层"七层组成的下一代太空体系架构，充分展现了美国弹性太空战略的发展趋势。

在"弹性太空"思想指导下，美国提出了下一代弹性太空七层体系架构，重点研究抗干扰、强机动、软件定义的弹性卫星技术，探索"航天母舰"平台 X-37B 空天飞机、太空攻防武器、天基互联网等太空战关键技术的军事应用，始终引领着世界太空技术的发展。2020 年 8 月，SDA 选择洛克希德·马丁公司和约克空间系统公司为其"传输层 0 期"建造卫星。SDA 计划在 2022 财年第四季度将"传输层 0 期"卫星送入轨道，在 2024 年以前建成一个拥有数百颗卫星的星座系统作为太空通信枢纽。

总的来说，军用低轨卫星星座建设成为优化天基互联网的重要手段，新一代弹性卫星技术成为创新卫星军事应用的重要途径。

第七节 俄乌冲突中的"星链"军事化应用值得关注

一、事件回顾

"星链"（Starlink）是目前全球已建成的最大规模卫星互联网系统，并积极在全球范围内推广商业通信服务。在"星链"商业属性之外，其军事用途日渐浮出水面：2021 年曾先后两次毫无缘由变轨接近我国空间站，试图引发太空撞击事件；2022 年 2 月末，"星链"卫星仅用 48 小时即恢复了乌克兰全境互联网通信能力。种种迹象表明，"星链"卫星互联网可实现军民两用，可能对我国国家安全带来重大安全风险隐患。研究分析"星链"计划的军民两用属性及背后的战略意图，可为下一步我国卫星互联网融合发展提供借鉴意义。

二、事件评析

"星链"卫星"无意接近"可用作太空武器威胁其他空间飞行器。首先，"星链"卫星已通过接近并干扰其他空间飞行器正常运行，迫使其离开目标空域。2019 年，"星链"卫星与欧洲航空航天局的"风神"地球观测卫星擦肩而过，为避免"剐蹭"事故的发生，欧洲航空航天局被迫操作卫星进行变轨规避。2021 年 7 月和 10 月，"星链"卫星先后两次变轨并接近我国空间站，出于对我国空间站和搭载航天员的生命健康安全考虑，我国空间站组合体两次实施"紧急避险"。其次，"星链"卫星可通过"碰瓷"或"自杀式"撞击等极端方式摧毁潜在目标空间飞

行器。至 2022 年 2 月，美国太空探索技术公司（SpaceX）已经成功发射 2091 颗"星链"卫星，成为世界上拥有卫星数量最多的公司。"星链"卫星凭借低成本、小星体、数量巨大、灵活发射和较强轨道机动能力等优势，加大了太空空间监管网络追踪和管理的难度。在发生国家间冲突时，"星链"卫星可通过"自杀式"撞击等极端方式攻击其他国家高价值空间飞行目标，成为太空战的绝佳武器。

"星链"卫星"以民掩军"辅助战场通信、导航、遥感一体化能力。首先，"星链"卫星可快速恢复战场高速通信网络连接能力。其次，"星链"星座升级导航定位和即时遥感等功能可支撑精确制导、情报侦察等军事应用。SpaceX 曾与美国军方开展过多次以一体化侦察、导航、作战指挥等为目标的试验与合作。一是构建 GPS 补充备份系统，以通信为主的"星链"星座，可以提升 GPS 系统的导航定位精度和抗干扰能力，辅助战场精确制导；二是"星链"卫星经过改造后，可能搭载各类先进光学传感器，提高对地观测的成像分辨率和重访频率，力求实现即时遥感功能。"星链"星座凭借低轨道密集部署、重访周期短、星间互联互通、功能载荷易扩展等优势，成为美国太空军事功能最完善、最具潜力的低轨卫星互联网星座，将在美"空天一体化"作战、"无尽边疆"太空战略实施中发挥重要作用。

第八节　美国发布量子传感技术应用战略计划

一、事件回顾

2022 年 3 月，美国国家科学技术委员会量子信息科学小组委员会（SCQIS）发布了"将量子传感器付诸实践"的战略计划。量子传感技术已经给社会带来了巨大的好处，例如，全球定位系统（GPS）利用了原子钟，核磁共振成像（MRI）利用了核自旋控制进行医学成像。新的量子传感器在短期内也有机会成为可应用的技术，并产生类似的革命性影响。然而，从基础研究到商业化产品的漫长技术发展路线需要集中、持续的努力。伴随着广泛的应用空间和不同的终端用户需求，成熟的量子传感技术需要一个长期的战略来协调政府机构的优先事项并联合私

人利益相关者。

二、事件评析

　　量子科技正处于从实验室研发到生产实践的关键期。量子科技的理论基础经历百余年发展已经成熟完善，利用量子物理特性突破电子计算机和电子传感器的物理极限，大幅提升人类获取、传输、处理信息的能力在理论上完全可行。自 20 世纪 80 年代提出量子计算机的理论模型之后，量子科技的应用研究取得了重大进展，演化出了量子计算、量子通信和量子传感测量 3 个主要应用领域，其中小部分成果已经足够成熟，开始迈向商业化和产业化阶段。量子传感测量是应用场景最丰富也是最接近商业化和产业化的领域，预计 5 年内可实现商业和军事应用。量子传感测量利用量子物理特性实现对时间、加速度、电磁场、重力场的超高精度测量，在民用和军事领域均有广泛和清晰的应用前景。民用方面，量子传感器可以大幅提升资源勘探、地震预测、核磁共振成像（MRI）、正电子放射断层造影（PET）等的精度和效率。此外，量子时钟可提供高频金融交易、电子支付、5G 通信、智能电网的动态控制等应用所必需的精确计时。军事方面，量子传感器可以测量电子传感器无法精确探测的电磁场和重力场变化，从而实现在水下、建筑物内等无外部信号环境中的精确定位和导航。英国国防实验室的研究表明，基于量子技术的导航系统可以将潜艇的定位精度提升 1000 倍。美国陆军实验室提出"鬼成像"（Ghost Imaging）技术，可以实现复杂战场情况下的远距离高清成像。美国国防部、英国国家量子科技项目、欧洲量子旗舰项目等机构一致认为，量子传感测量将在未来 5 年内实现商业和军事应用。

　　量子计算是最具颠覆潜力同时也是难度最大的应用领域。通用量子计算以量子比特代替电子比特进行计算，根据物理机制可以分为超导量子、光量子、离子阱、量子点和拓扑量子 5 类。由于量子态的特性，构建量子计算机具有极高的技术难度，尚无法确定哪类技术会成为最终的解决方案。目前超导量子和光量子是最为成熟的技术路径，已经开发出可以快速解决特定数学问题的原型机，实现了远超传统电子计算的"量子霸权"，但这一超越仅限于非常特殊的个别数学问题。通用量子计算的简化版本"量子退火"和"量子模拟"具备清晰的应用场景，特别是

前者可求解函数组合优化问题，已于 2011 年实现首次商业应用。普遍认为，5 年内，有实际应用价值的量子计算将首先在生物化学和材料科学领域实现，并随着量子计算软/硬件的不断成熟，将在 10～20 年内全面应用于人工智能、自动驾驶、保密通信等众多领域。

量子通信的第一代应用"量子密钥分配"（QKD）已经完成小规模部署，第二代应用"量子传态"仍处于技术研发阶段。2007 年前后，中国和欧洲分别实现了第一代量子通信应用 QKD 的短距离数据传输试运行。2017 年，瑞士构建了连接电信数据中心、银行和政府的光纤 QKD 数据传输线路。同年，中国建成了全球第一条长距离量子保密通信干线"京沪干线"，并通过卫星 QKD 首次实现了跨洲视频通信。2020 年，日本东芝成功使用光纤 QKD 传送了数百 GB 的基因组数据，首次实现 QKD 的大数据传输。虽然第一代量子通信技术已有小规模商用案例，但其安全性、可靠性和效率仍无法满足大多数商业和军事用途。因此，第二代量子通信应用"量子传态"被寄予厚望。目前该技术还处于实验室研发阶段，预计 10 年左右可以进入商业化阶段，最终目标是建立由量子通信网络将各种终端设备连接在一起的"量子互联网"（Quantum Internet）。

领 域 篇

第六章 先进通信

先进通信产业主要包括下一代移动通信技术 5G/6G 和通信元器件、设备的研发、基础设施建设、应用和服务能力拓展等关联产业。我国先进通信产业已形成了一定的发展能力和规模，在全球具备一定的优势地位，且市场应用需求广阔。随着"数字中国"加快推进，"宽带中国"深入实施，先进通信等新兴业态得到长足发展。围绕我国经济、科技和社会发展需求，加快发展先进通信产业，将促进我国数字经济的高质量发展和全球优势地位的巩固。

第一节 发展情况

一、5G 网络建设日益完善，共建共享成为行业共识

虽然新冠肺炎疫情导致 5G 网络基础设施建设面临一定阻力，但整体建设进度保持了相对稳定的水平。目前，我国已建成全球规模最大的 5G 独立组网（SA）网络，根据工业和信息化部发布的《2021 年通信业统计公报》，截至 2021 年年底，我国累计建成并开通 5G 基站 142.5 万个，建成全球最大 5G 网络，实现覆盖全国所有地级市城区、超过 98% 的县城城区和 80% 的乡镇镇区，并逐步向有条件、有需求的农村地区推进。截至 2022 年上半年，我国累计建成并开通 5G 基站 185.4 万个，占移动基站总数的 17.9%，实现"县县通 5G、村村通宽带"。5G 基础设施共建共享成为行业共识，中国电信和中国联通、中国移动和中国广电分别签署了 5G 共建共享协议。2022 中国数字经济创新发展大会上的数

据显示，中国电信和中国联通合计新开通 5G 基站数量已经达到 86 万个，每年可节约用电超过百亿千瓦时，为双方累计节省投资超过千亿元。

二、5G 用户数和渗透率双双持续提升

2021 年以来，我国移动用户数持续攀升，5G 终端用户快速增长。截至 2022 年 6 月末，中国电信、中国移动和中国联通的移动电话用户总数达 16.7 亿户，比上年末净增 2552 万户。其中，工业网关、车载终端、智能穿戴等新型终端不断涌现，带动 5G 手机终端连接数达 4.55 亿户，比上年末净增 1 亿户。运营商 5G 套餐用户渗透率持续提升，截至 2022 年 6 月末，三大电信运营商 5G 用户总数达到 9.27 亿户，5G 渗透率再攀新高。其中，中国移动拥有 5G 套餐用户为 5.11 亿户，较 5 月份净增 1581.4 万户，5G 套餐用户渗透率已达到 52.68%。中国电信 5G 用户总数达到 2.32 亿户，6 月份净增 5G 用户 718 万户，5G 套餐用户渗透率超 60%。中国联通 5G 用户总数为 1.85 亿户，上半年 5G 套餐用户净增 2999 万户，5G 套餐用户渗透率达到 58%。截至 2022 年 6 月，三大电信运营商合计新增 5G 套餐用户 0.28 亿户，同比增长 30.0%，环比增长 5.4%。

三、5G 垂直行业商业应用加速拓展和深化

2021 年以来，在三大电信运营商和产业链上下游企业的共同推动下，5G 加速与更多传统行业融合，催生出各类智慧应用，5G 终端创新、终端形态数量方面都呈现快速增长，5G 终端生态布局迅速拓展，赋能千行百业转型升级。截至 2022 年 7 月，根据工业和信息化部公布的数据，我国已建"5G+工业互联网"项目超 3100 个，覆盖 22 个重点行业领域，形成了柔性生产制造、设备预测维护等 20 个典型应用场景。全国超上千家企业已开展 5G 创新应用项目，在港口、矿山、医疗、交通、能源、智能制造等多个领域开展了一批 5G+医疗健康、5G+智慧教育试点，并向农业、文旅这些领域不断深化和拓展。同时，对于工业、电力、能源等先导行业，行业标准制定和实施也在稳步推进，打造了一些 5G 应用标杆，为规模化复制推广打好铺垫。

四、6G 愿景方向和研发时间表基本具备雏形

随着 5G 网络规模化商用，全球针对 6G 研发的战略布局已全面展开。世界主要国家和地区均已启动 6G 研究，采用加大资金投入、布局科研项目等措施，加速 6G 创新技术研发。2021 年 6 月 6 日，中国信通院 IMT-2030（6G）推进组发布了《6G 总体愿景与潜在关键技术白皮书》，指出 6G 时代的八大业务应用场景和十大潜在关键技术。该推进组由工业和信息化部、国家发展改革委、科技部联合推动成立，致力于推动 6G 技术研究。2022 年年初，北美 Next G 联盟推出 6G 路线图，日本 Beyond 5G 推进联盟计划向 ITU 提交 6G 技术要求草案。2022 年 3 月，全球 6G 技术大会推测 2030 年实现 6G 商用已基本成为业界共识。2022 年 5 月，科技部发布"国家重点研发计划 2022 年项目申报指南"，在"新一代无线通信"板块中建议了九大 6G 研发方向，进一步为 6G 研发布局指明方向，这九大方向为 AI 驱动的 6G 无线智能空口传输技术、6G 智简网络架构与自治技术研究、6G 移动通信安全内生及隐私保护技术、面向"双碳"战略的超低能耗移动通信理论与方法、分布式大维无线协同传输技术研究与系统验证、基于时空多维信息的大尺度星地融合组网技术、高动态条件下的星地协同接入与传输技术、卫星高性能处理平台与智能编排技术、面向 6G 智能应用的新型网络架构与传输方法。

2022 年 6 月，中国移动通信集团有限公司发布了《6G 网络架构技术白皮书》，提出"三体四层五面"6G 总体架构设计，并对此首次做出了系统性描述。2022 年 7 月，中国移动研究院发布《2030+经济社会展望与 6G 新理念白皮书》，从经济社会角度展开对 6G 的研究，旨在引发业界对 2030+经济社会发展与 6G 结合的讨论与思考，为 6G 技术创新提供借鉴。同月，IMT-2030（6G）推进组发布《6G 典型场景和关键能力白皮书》，聚焦 6G 总体愿景需求，研判 6G 发展驱动力，预测 6G 市场趋势，凝练 6G 五大典型场景，设计 6G 关键能力指标，充分展现了我国 6G 阶段性研究成果。同时，vivo 通信研究院正式面向全球发布《6G 服务、能力与使能技术白皮书》，分享其在 6G 领域研究上取得的最新进展，白皮书进一步阐述了 6G 提供通信、信息、计算服务的技术逻辑和商业逻辑，并基于服务体系，给出了 6G 系统总体框架，用于指导 6G

端到端系统设计。

第二节　发展特点

一、5G 产业政策日趋完善，各地推出 5G 发展行动计划

近年来，我国 5G 等先进通信技术重要领域的顶层设计日趋完善，政策举措不断丰富，网络环境优化成效显著，为我国数字经济发展提供了重要支撑。2021 年以来，国务院、工业和信息化部等部门陆续出台政策文件，支持以 5G 为代表的先进通信技术的发展，同时推进互联网、大数据、人工智能同实体经济深度融合，促进产业向智能化、高端化、绿色化发展。总体来说，5G 产业政策主要聚焦于优化产业外部环境，完善数字基建；推动创新应用，促进两化融合发展；发挥通信技术赋能，助力复工复产；开展试点示范，引领产业发展方向等几个方面。2021年以来，我国出台的先进通信重要政策文件见表 6-1。2021 年 7 月，工业和信息化部联合九部门发布《5G 应用"扬帆"行动计划（2021—2023年）》后，全国各地掀起了 5G 应用"扬帆"发展的热潮，各地政府纷纷结合当地实际需求和产业特色推出 5G 发展行动计划。

表 6-1　2021 年以来出台的先进通信重要政策文件

发布时间	发文机构	文件名称	相关内容
2021.03	工业和信息化部	《"双千兆"网络协同发展行动计划（2021—2023 年）》	用 3 年时间，基本建成全面覆盖城市地区和有条件乡镇的"双千兆"网络基础设施，实现固定和移动网络普遍具备"千兆到户"能力。千兆光网和 5G 用户加快发展，用户体验持续提升。增强现实/虚拟现实（AR/VR）、超高清视频等高带宽应用进一步融入生产生活，典型行业千兆应用模式形成示范。千兆光网和 5G 的核心技术研发和产业竞争力保持国际先进水平，产业链供应链现代化水平稳步提升。"双千兆"网络安全保障能力显著增强
2021.04	工业和信息化部	《关于开展2021年度国家工业和通信业节能技术装备产品推荐工作的通知》	为加快推广应用先进适用节能技术装备产品，推动工业和通信业节能和能效提升，助力碳达峰碳中和目标的实现

续表

发布时间	发文机构	文件名称	相关内容
2021.07	工业和信息化部、国家发展改革委、财政部等十部门	《5G应用"扬帆"行动计划（2021—2023年）》	到2023年，我国5G应用发展水平显著提升，综合实力持续增强。打造IT（信息技术）、CT（通信技术）、OT（运营技术）深度融合新生态，实现重点领域5G应用深度和广度双突破，构建技术产业和标准体系双支柱，网络、平台、安全等基础能力进一步提升，5G应用"扬帆远航"的局面逐步形成
2021.11	工业和信息化部	《"十四五"信息通信行业发展规划》	《规划》包括四大部分、26条发展重点、近3万字，描绘了信息通信行业的发展蓝图，是未来5年加快建设网络强国和数字中国、推进信息通信行业高质量发展、引导市场主体行为、配置政府公共资源的指导性文件
2021.12	国家发展改革委、中央网信办等部门	《贯彻落实碳达峰碳中和目标要求 推动数据中心和5G等新型基础设施绿色高质量发展实施方案》	到2025年，数据中心和5G基本形成绿色集约的一体化运行格局。其中，5G基站能效提升20%以上
2022.3	第十三届全国人民代表大会第五次会议	《2022年政府工作报告》	加强数字中国建设整体布局。建设数字信息基础设施，逐步构建全国一体化大数据中心体系，推进5G规模化应用，促进产业数字化转型，发展智慧城市、数字乡村

（资料来源：赛迪智库整理）

根据国家"十四五"规划以及通信业"十四五"规划的要求，"十四五"时期，我国要坚持创新驱动发展，全面塑造发展新优势，瞄准先进通信等前沿领域，系统布局新型基础设施，加快5G建设和6G布局。

二、5G建设应用适度超前，但产业投资适度减少

根据各省、自治区、直辖市发布的2021年政府工作报告，大部分省份将继续加快5G的建设和发展，继续保持适度超前的态势，部分省份开始关注5G的覆盖具体目标和应用市场，行业投融资空间将随着应用广度和宽度的扩大不断拓展。2021年，三大电信运营商和中国铁塔公司共完成电信固定资产投资4058亿元。其中，5G投资额达1849亿元，占全部投资的45.6%，较上年提高8.9个百分点。2021年，中国移动各项资本开支合计约1836亿元，其中5G投资占比约为60%；中国

电信全年累计资本开支约 867 亿元，其中 5G 投资占比约为 44%；中国联通累计资本开支约 690 亿元，其中 5G 投资占比为 46%。

三大电信运营商针对未来 5G 预期投资额进行了预估。中国电信预计 2022 年资本开支为 930 亿元，其中，5G 网络投资占比为 36.6%，达到 340 亿元，同比下降 10.5%；2022 年年底在用 5G 基站将超过 99 万个，其中，新建（自建）17 万个 5G 基站，持续提升 5G 深度和广度覆盖。3.5GHz 基站覆盖城区和高价值室内区域、2.5GHz 基站覆盖其他区域。5G 投资规模与近几年相比稳中有降。中国移动预计 2022 年资本开支为 1852 亿元，其中，5G 相关资本开支约为 1100 亿元，同比下降 3.5%；年底累计开通 5G 基站达到 110 万个（其中 700MHz 基站达到 48 万个）。中国联通未公布 2022 年资本开支的具体数字，但表示计划用 3 年左右的时间完成 5G 网络规模建设，未来几年整体资本开支保持平稳。当前已经处于 5G 部署高峰期，5G 相关资本开支的稳步减少符合现实情况，后期将是 5G 用户和应用规模的增长期，行业发展潜力巨大，投资机遇仍然广阔。

三、我国 5G 产业发展区域差异化明显

目前，我国 5G 产业主要分布在京津冀地区、珠三角地区、长三角地区和中西部地区。其中，京津冀地区依托政策资源、教育资源、人力资源和技术创新资源，在芯片设计等创新前沿领域拥有较强的竞争力与发展空间，5G 产业应用快速推进。珠三角地区依托龙头企业发展，在 5G 网络设备、终端设备领域具有强大的竞争力。大湾区依托华为、中兴、OPPO、vivo、中光电等知名企业，全力打造大湾区万亿级 5G 产业集群。长三角地区依托生产、研发能力，在射频器件、光通信、5G 应用领域推进 5G 产业发展。中西部地区采取特色战略发展 5G 产业。例如，武汉主攻滤波器相关技术，在射频器件领域发展 5G 产业；四川在射频防护设施领域构建形成 5G 小规模行业生态。

第七章 量子信息

第一节 发展情况

量子信息技术是量子力学和信息技术交叉融合而产生的前沿科学技术，通过对量子状态的主动精确调控，能够突破半导体技术物理极限的限制，是一种颠覆性的未来产业技术，将对新一代信息技术发展产生革命性的影响。当前，以量子计算、量子通信、量子精密测量为代表的量子信息研究和探索加速发展，技术创新活跃，重大成果不断涌现，正成为新一轮科技革命和产业变革的关键领域。

量子计算领域研发探索亮点纷呈。量子计算是当前量子技术发展最受关注的领域，集中了全球一半以上的量子领域风险投资，近年来研究创新十分活跃，论文发表、专利申请及研究机构数量均呈现明显上升趋势。量子芯片是量子计算研究和应用的核心领域，目前其技术发展仍呈现超导、离子阱、光量子、硅基半导体、拓扑量子等多种技术路线并行探索态势，尚没有任何一种路线能够完全满足实用化要求从而推动技术方案融合收敛。总体而言，我国处于国际量子计算的第一方阵。目前，中国科学技术大学、清华大学、浙江大学等高校以及阿里巴巴、华为、本源量子等科技公司已取得多项世界水平的研究成果。2021年6月，中国科学技术大学在光量子芯片研究中取得重要进展，在国际上首次展示了波导模式编码的两比特受控非门控操作，为实现大规模光量子系统奠定了基础。2022年3月，阿里巴巴达摩院宣布研制出两比特量子芯片，采用新型超导量子，其操控精度达到了 99.72%，达到全球最高水平。

量子优越性取得突破性进展。量子优越性（也译作量子霸权）是指在某个或某一类特定计算问题上，相对于传统经典计算机，量子计算机在计算能力上表现出巨大的优势，计算能力远远超出最先进的超级计算机，从而体现出量子计算机的优越性。2020 年 12 月，我国构建了 76 个光子的量子计算原型机"九章"，只需 200 秒即可求解数学算法"高斯玻色取样"，而使用当时最快的超级计算机要用 6 亿年，充分体现出量子计算在这一问题上的优越性。我国由此成为全球第二个实现"量子优越性"的国家。2021 年 10 月，我国超导量子计算研究团队构建的 66 比特可编程超导量子计算原型机"祖冲之二号"，对"量子随机线路取样"任务的求解速度是当时最快的超级计算机的一千万倍，使我国在超导体系也实现了"量子优越性"。2022 年 4 月，南京大学研究团队同时实现了机器学习和通信复杂度的量子优越性。这些重要研究进展牢固确立了中国在全球量子计算领域第一方阵的地位。

我国量子通信总体水平国际领先。近年来，我国大力发展量子通信技术，前期建设的量子保密通信"京沪干线"与"墨子号"量子科学实验卫星，标志着我国量子通信网络的研究与发展已经处于国际先进水平。在此基础上，我国构建了世界首个广域量子通信网络，实现地面跨度 4600 千米、天地一体的大范围、多用户量子密钥分发。2021 年 6 月，中国科学技术大学、济南量子技术研究院、国盾量子联合研究团队使用已有商用光纤链路，突破现场远距离高性能单光子干涉技术，分别采用两种技术方案实现 500 千米量级双场量子密钥分发（TF-QKD），创造了现场无中继光纤量子密钥分发传输距离的世界新纪录。2021 年 9 月，上海交通大学和江西师范大学合作构建了一个 15 用户的量子安全直接通信（QSDC）网络，传输距离达 40 千米。目前，合肥量子城域网正在建设中，是目前中国最大、覆盖最广、应用最多的量子城域网，有望打造成实用化量子通信网络的标杆范例。

量子测量多个领域取得关键性进展。量子测量是量子信息技术领域的重要研究方向之一，为大力发展量子测量技术，世界主要科技强国推出一系列创新举措。2021 年，我国印发了《计量发展规划（2021—2035 年）》，提出加强计量基础和前沿技术研究，突破量子传感和芯片级计量

标准技术，形成核心器件研制能力。量子测量技术涉及重力测量、时间测量、磁场测量、量子导航、量子探测成像等领域，并在这些领域取得了关键性进展。2021年，中国科学技术大学和香港中文大学的实验技术人员，在实验中完全解决了量子比特发展演化中三种待测参数间的精度制衡问题，并使三种参数实现了海森堡极限精度差的检测，测试准确度较经典方法提升了13.27dB。

第二节 发展特点

一是我国量子科技政策密集发布，地方政府加快抢滩布局。我国高度重视量子技术的发展，早在"十三五"期间就将量子信息作为重大科技发展方向提出。2021年3月发布的"十四五"规划中明确将在量子信息等前沿科技和产业变革领域，组织实施未来产业孵化与加速计划，谋划布局一批未来产业。2021年12月发布的《"十四五"国家信息化规划》进一步提出探索建立面向未来的量子信息设施和试验环境，加强共性关键技术和基础器件研发，超前布局量子通信、量子计算、量子传感技术研究，推动量子计算应用探索与产业生态体系建设，探索构建量子信息网络技术与标准体系。为加快量子科学基础人才培养，教育部于2021年3月将量子信息科学专业正式纳入2021年度普通高等学校本科专业目录。我国各地方也纷纷结合自身优势谋划布局量子产业。截至2021年，已有北京、上海、广东、安徽等20多个省市将量子科技写进地方"十四五"发展规划。

二是三大技术方向全面布局，总体水平处于全球第一方阵。量子通信方面，我国率先发射了首颗量子科学实验卫星"墨子号"，并建成了千千米级的量子保密通信"京沪干线"，在此基础上成功构建天地一体化量子通信网络，跨度达4600千米。量子计算方面，研制出世界首台光量子计算原型机，成为全球第二个实现"量子优越性"的国家。在自主研制二维结构超导量子比特芯片的基础上，先后成功构建了国际上超导量子比特数目最多的可编程超导量子计算原型机"祖冲之号"和"祖冲之二号"。我国成为世界上唯一一个在两条技术路线上实现"量子优越性"的国家。目前，我国在量子计算领域已完成了光量子、超导、超冷原子、离子阱、硅基、金刚石色心、拓扑等所有重要量子计算体系的研究布局，使得我国成为包括欧盟、美国在内的三个具有完整布局的国家（地区）之一。量子测量方面，在国际上首次实现了亚纳米分辨的单分子光学拉曼成像，在室温大气条件下获得了世界上首张单蛋白质分子的磁共振谱。实验中通过引入量子控制把非对易的量子信道调控为对易量子信道，在国际上首次实现在对一般非对易信道参数测量中达到海森堡精度极限。从发展水平来看，目前在量子通信领域，我国处于世界一流水准，量子保密通信试点应用项目数量和网络建设规模已处于世界领先水平。在量子计算领域，前沿理论研究与欧美国家的差距不断缩小。从全球范围来看，量子计算目前仍处于发展初期，虽然我国在产业化上相对落后，但与欧美国家并没有明显代差。在量子测量领域，世界纪录大多由欧美国家保持，我国在量子测量五大领域均处于跟随状态。

三是国内科技巨头争相进入，初创企业蓬勃发展。量子信息产业的发展仍然以企业为主力军，以产学研合作的形式进行，正在形成科技巨头争相进入和初创公司蓬勃发展的局面。科技巨头方面，我国的阿里巴巴、百度、腾讯、华为等科技巨头高度关注量子技术，纷纷设立研究中心或独立部门进入这一领域。初创公司中涌现出本源量子、启科量子、问天量子等一批知名企业，这些公司大多由专业研究人员组成。根据知名前沿科技咨询机构 ICV 统计，2021 年全球量子科技公司完成了 50 笔合计 32 亿美元的融资，超过之前历年累计融资总额。进入 2022 年，量子科技公司融资仍保持快速增长，第一季度就完成了 18 笔合计 7 亿美元融资。

第八章

人工智能

第一节　发展情况

2021年，中国人工智能核心产业规模达2008亿元，同比增长32.8%。预计2022年中国人工智能核心产业规模将达2570亿元，2025年将达4918亿元，2021—2025年年均增长率将达25.1%。

中国人工智能（AI）核心产业规模见图8-1。

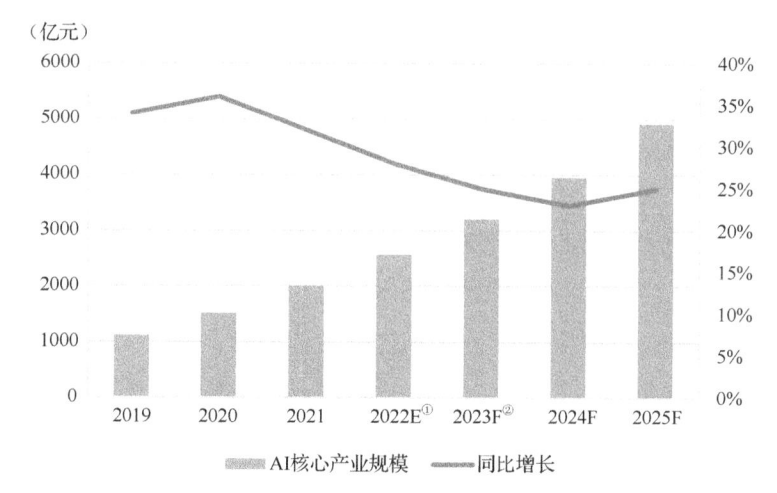

图 8-1　中国人工智能（AI）核心产业规模
（资料来源：赛迪智库整理）

---

① 2022E：2022年的预测数据。
② 2023F：2023年的预测数据，以此类推。

从人工智能产业结构来看，我国人工智能领域有三类企业。第一类致力于人工智能基础层，以硬件为主，为人工智能应用提供数据和算力，代表企业如海思半导体、寒武纪、阿里云等。2021 年 6 月，百度发布了自主研发的第二代昆仑 AI 芯片"昆仑芯 2"，并宣布实现量产。2022 年 4 月，权威 AI 性能基准评测组织 MLPerf 发布的推理性能榜单中，阿里云联合平头哥、达摩院等在数据中心、边缘计算、物联网领域斩获多项第一。第二类致力于人工智能技术层，以软件为主，为人工智能应用提供高效灵活的算法、框架和平台，代表企业如旷视科技、科大讯飞、百度等。2021 年 6 月，北京智源人工智能研究院发布悟道 2.0，参数规模达到 1.75 万亿，是 OpenAI 的 GPT-3 模型的 10 倍，一跃成为世界最大模型。第三类致力于人工智能应用层，面向各类应用场景开发相应的智能服务产品和解决方案。应用层的产品涉及最广、商机最多，不论是消费终端还是行业应用均涌现出一大批本土企业，代表企业如京东、地平线、旗瀚科技、智位科技、科沃斯、大疆等，驱动着人们生产生活的数字化转型。2021 年，百度 Apollo 的自动驾驶测试里程已经超 2500 万千米，商业化收费运营从园区接驳应用到公众日常出行服务。

2021 年，在新基建相关政策红利影响下，我国科研机构和高等院校不断加大人工智能关键技术的攻关，我国人工智能在国家战略层面上越来越强调系统、综合布局，在计算机视觉、深度学习等核心技术走向成熟的同时，AI 算力水平、自主无人系统、智能芯片、脑机接口、知识图谱等新兴技术不断创新突破。1 月，寒武纪首颗 AI 训练芯片发布，峰值算力提升 4 倍，内存带宽提高 12 倍，芯片间通信带宽提高 19 倍。5 月，百度文心 ERNIE 最新开源四大预训练模型，在文本语义理解、长文本建模和跨模态理解三大领域取得突破，效果超越谷歌、微软等业界模型。6 月，由北京智源人工智能研究院牵头，智谱 AI 等多家机构共同研发的全球最大智能模型悟道 2.0 正式发布。7 月，北大团队自研 AI 框架"河图"（Hetu）正式开源，这是首个由国内高校自主研发的分布式深度学习系统。10 月，浪潮人工智能研究院正式发布"源 1.0"开源开放计划，这一全球最大中文巨量模型将以开放 API、开放数据集、开源代码等多种形式为业界提供开放合作。

第二节 发展特点

一、人工智能初创企业数量显著降低，投融资市场整体热度持续提升

随着人工智能产业化进程的加快，人工智能技术及产业进入高速发展期。2020年，我国人工智能市场规模高达1280亿元，预计到2025年将超过4000亿元，发展态势持续向好。

人工智能公司的创业热潮逐渐趋于理性，初创企业数量显著降低。2015—2021年人工智能创业公司新增数量持续下滑，受新冠肺炎疫情影响，2021年我国人工智能初创公司仅有57家，不及2018年（752家）的1/10。

2015—2021年我国新增人工智能企业情况见图8-2。

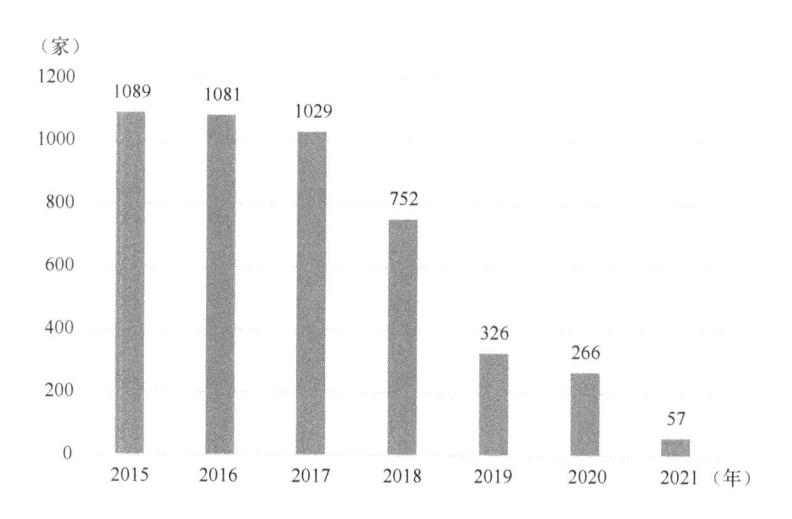

图 8-2　2015—2021年我国新增人工智能企业情况
（资料来源：赛迪智库整理）

人工智能投融资势头回升，投融资市场热度不减。截至2021年年底，我国人工智能领域发生投资并购事件共7442起，单笔融资平均从2016年的1.15亿元增长到2021年年底的3.53亿元。人工智能领域投融资数量及金额不断攀升，逐渐恢复至巅峰水平。

2015—2021年我国人工智能领域融资情况见图8-3。

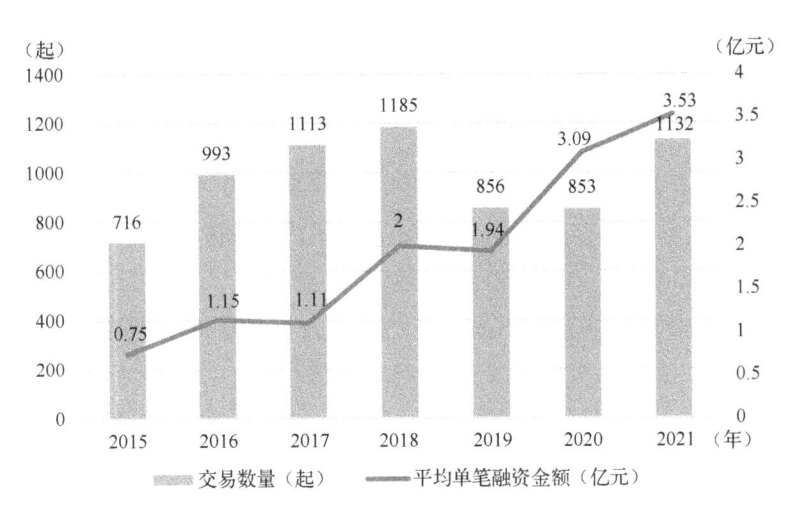

图 8-3　2015—2021年我国人工智能领域融资情况
（资料来源：赛迪智库整理）

二、前沿技术取得重大突破，人工智能发展迈向新阶段

人工智能各个研究方向的研究成果不断突破，成熟的人工智能技术逐渐向代码库、平台和系统发展，推动人工智能发展迈向新的阶段。

一是基础层面。从硬件设施来看，人工智能芯片制程不断优化，工艺逐步提升，高效、节能成为人工智能芯片发展的长期目标，人工智能辅助设计芯片成为新趋势。从平台和工具来看，超大规模智能模型的开放平台不断降低应用的研发门槛，面向复杂任务和基础科研的数据集和基准层出不穷，更大规模的人工智能超算集群加速落地，为人工智能产业发展奠定了基础。

二是技术层面。从通用技术来看，机器学习、自然语言处理、计算机视觉等领域不断催生新算法、新模型、新范式，为人工智能产业发展提供了更多的可能性。从技术框架来看，人工智能框架正向着全场景支持、超大规模人工智能、安全可信等技术特性深化探索，不断实现新的突破。

三是应用层面。随着人工智能产业化的加快，我国人工智能技术在智慧医疗、智慧金融、智能制造、无人驾驶等行业应用领域取得了巨大的进步。以智慧医疗为例，人工智能医学影像、手术机器人、药物研发、精准医疗等技术愈发成熟，传染病大数据分析预警系统、疫情排查系统、智能测温机器人等在战"疫"一线被广泛应用。

三、全球高度重视人才培养，人工智能学科体系建设迈入快车道

国外部分高校人工智能学科建设情况见表8-1。

表 8-1　国外部分高校人工智能学科建设情况

国外高校	学科建设情况
卡内基梅隆大学	本科设有人工智能专业。研究阶段的培养分布在多个院系，主要集中在计算机学院、软件工程研究所、机器人研究所、人机交互研究所、语言技术研究所、机器学习系。CMU的师资拥有多元的背景，近200名教职人员来自11个院系，研究范围涵盖从数理到计算机、艺术到经管、多个与人工智能相关的领域
麻省理工学院	该校未设立人工智能专业，人才培养主要集中在施瓦茨曼计算机学院，该院与计算科学与工程中心、电子工程与计算机科学系、数据系统和社会研究所、运算研究中心这5个学院以共享的结构，进行协同培养、研究和创新
伊利诺伊大学	未单独设置人工智能专业，培养集中于计算机科学系、电子计算机工程系、信息科学系，并设置了人工智能方向
伦敦大学学院	在人工智能领域有着良好的学术声誉，学部体系庞大，交叉培养特色较强，特别是其强化学习和神经计算方向在英国处于优势地位，研究与应用涉及数据科学、信息科学、电子电气、生物医药、教育、建筑、脑科学、金融等领域

（资料来源：赛迪智库整理）

从国际来看，根据CSRanKing 2019年度全球高校计算机科学综合实力排行榜，前两位分别是美国（68%）和中国（9%），我国虽位居第二，但与美国整体水平的差距较大。卡内基梅隆大学、麻省理工学院是全美计算机综合实力排名前两位的大学。

从国内来看，为弥补在人才培养方面与美国的差距，填补人工智能细分领域的人才缺口，我国持续加快推进人工智能学科和专业建设，逐

渐形成多层次的人工智能人才培养体系。当前，国内共有440所高校开设了人工智能本科专业，北京大学、清华大学等40多所"双一流"高校成立了人工智能相关研究机构，各大高校与企业合作启动人工智能实验室，开设线上课程，举办互动论坛，培养人工智能人才和孵化人工智能项目。

我国人工智能学科建设情况见表8-2。

表8-2　我国人工智能学科建设情况

学科评估等级	高等院校名称
A类 （A+、A、A-）	电子科技大学、西安电子科技大学、北京大学、清华大学、东南大学、北京邮电大学、复旦大学、上海交通大学、南京大学、浙江大学、西安交通大学
B类 （A+、A、A-）	北京航空航天大学、北京理工大学、天津大学、吉林大学、南京邮电大学、杭州电子科技大学、华中科技大学、西北工业大学、国防科技大学、空军工程大学、北京工业大学、南开大学、哈尔滨工业大学、华东师范大学、南京理工大学、中国科学技术大学、厦门大学、武汉大学、中山大学、华南理工大学、北京交通大学、大连理工大学、安徽大学、合肥工业大学、福州大学、山东大学、湖南大学、重庆大学、西南交通大学、西安理工大学、陆军工程大学
C类 （A+、A、A-）	中国传媒大学、河北工业大学、太原理工大学、长春理工大学、黑龙江大学、燕山大学、上海大学、中南大学、重庆邮电大学、兰州大学、解放军信息工程大学、天津工业大学、天津理工大学、南京航空航天大学、湖北大学、长沙理工大学、桂林电子科技大学、四川大学、贵州大学、西安邮电大学、海军航空大学、北方工业大学、河北大学、华北电力大学、中北大学、哈尔滨工程大学、苏州大学、中国计量大学、郑州大学、武汉理工大学、深圳大学、西北大学

（资料来源：赛迪智库整理）

部分高校人工智能研究机构设立情况见表8-3。

表8-3　部分高校人工智能研究机构设立情况

高等院校	研究机构
北京大学	人工智能研究院
清华大学	人工智能研究院
中国科学院大学	人工智能技术学院

续表

高 等 院 校	研 究 机 构
中国人民大学	高瓴人工智能学院
北京师范大学	人工智能学院
中山大学	智能工程学院
南京大学	人工智能学院
厦门大学	人工智能研究院
同济大学	人工智能研究院
浙江大学	人工智能协同创新中心
苏州大学	人工智能研究院
山东大学	人工智能国际联合研究院

（资料来源：赛迪智库整理）

四、全球人工智能治理机制初步建立，法律与伦理框架日益成熟

人工智能固有的技术风险持续放大，现有法律及规范体系受到的挑战不断扩大，伦理及社会秩序受到的冲击愈发严重。面对人工智能深入赋能而引发的多方面风险及挑战，全球各国越来越重视人工智能治理。

从国际来看，全球已经形成多元主体参与、协同共治的治理模式，各国及相关组织推出了一系列治理原则，立法进程取得实质性进展，行业组织及企业主体积极探索可信落地实践。

全球2019—2021年人工智能政策法规发布情况见表8-4。

表8-4　全球2019—2021年人工智能政策法规发布情况

国家/组织	时 间	政 策 法 规
联合国	2021年11月	《人工智能伦理问题建议书》
世界卫生组织	2021年6月	《医疗卫生中人工智能的伦理治理》
二十国集团	2019年6月	《G20人工智能原则》
经济合作与发展组织	2019年5月	《OECD人工智能原则》
欧盟	2021年4月	《人工智能法》草案
德国	2021年5月	《汽车数据安全管理若干规定（征求意见稿）》
美国	2021年7月	《人工智能：联邦机构和其他实体的问责框架》
英国	2021年9月	《新兴技术宪章》

（资料来源：赛迪智库整理）

从国内来看，我国在原则伦理和法律规制两方面双兼顾，全国和地方齐头并进推动人工智能治理，加速推进人工智能治理实质化进程。

我国近期人工智能政策法规发布情况见表 8-5。

表 8-5　我国近期人工智能政策法规发布情况

时　间	政　策　法　规	内　涵　解　释
2021 年 7 月	《深圳经济特区人工智能产业促进条例（草案）》	地方层面为助力人工智能产业健康发展的积极探索
2021 年 9 月	《新一代人工智能伦理规范》	将伦理道德融入人工智能全生命周期，积极引导全社会负责任地开展人工智能研发与应用活动
2021 年 11 月	《中华人民共和国个人信息保护法》	与《中华人民共和国网络安全法》《中华人民共和国数据安全法》共同形成了治理人工智能底层要素的坚固法律体系

（资料来源：赛迪智库整理）

第九章 卫星互联网

第一节 发展情况

近年来,伴随以卫星互联网为代表的星座组网全面提速,带动各行业对卫星发射需求的急剧增加,卫星产业市场规模持续扩展。根据QYResearch的分析数据,全球卫星通信终端市场2021—2027年复合年均增长率(CAGR)将超过10%。伴随星链(Starlink)、OneWeb等系统建设卫星网络逐渐成为地面通信的无缝补充,低轨卫星互联网市场发展潜力巨大。根据相关统计数据,2025年卫星互联网产值规模将达到8000亿美元左右,商用化进程持续加快。以SpaceX公司为典型代表,2022年5月,SpaceX公司宣布Starlink互联网服务已覆盖美国、加拿大、英国、德国、新西兰、澳大利亚、奥地利、荷兰、比利时、爱尔兰、丹麦、智利、葡萄牙、瑞士、波兰、意大利等32个国家,事实上已形成相对明晰的标准及商用模式。

第二节 发展特点

低轨卫星因具备广覆盖、低延时、高带宽、低成本等优势,已成为太空经济"白热化"领域。与传统高轨同步轨道卫星系统相比,低轨卫星互联网系统具备广覆盖、低延时、高带宽、低成本等优势,全面保证了卫星互联网与地面通信系统的全面融合。广覆盖方面,相比于地球同步轨道卫星对于超过南北纬 70°信号覆盖大幅下降的缺陷,数千颗低轨卫星组成的星座能实现全球各个角落,包括海洋、偏远山区、森林等传统盲区的无缝覆盖。公开数据显示,2021 年全球互联网用户达到 46.46 亿左右,但整体普及率不足 60%,低轨卫星互联网成为实现全球 40% 近 30 亿量级人口互联网连接,弥补数字鸿沟的重要手段。低时延方面,低轨卫星依托轨道高度优势,时延指标可以基本实现与地面系统相媲美,将传统中轨道卫星系统 200 毫秒的时延降低到几十乃至十几毫秒。宽带化方面,伴随宽带通信技术的创新,卫星通信带宽已实现从百 Mbps 提升至 Gbps 的大幅升级。以银河航天首发星为例,具备 10Gbps 速率的透明转发通信能力。低成本方面,随着小卫星研制技术的成熟,卫星互联网系统在整体制造成本方面具备更加显著的优势,同时使用寿命得到进一步延长。公开资料显示,以往星座依托技术流水线优势,单颗卫星的成本仅为 60 万美元左右;SpaceX 依托可通用性、重复性使用的材料、零部件及系统装备等,单颗星链卫星的成本可以降低到 50 万美元左右。基于以上竞争优势,卫星互联网产业规模和商用化发展空间巨大,根据美国卫星产业协会的预测数据,到 2040 年全球太空经济价值规模将达到 1 万亿美元,其中卫星互联网市场将增长 60%左右。

全球小卫星发射态势强劲拉动卫星制造经济持续走高。伴随以卫星互联网为代表的星座组网全面提速,带动各行业对卫星发射需求的急剧增加。2021 年全球卫星发射呈现强劲增长态势,《中国航天科技活动蓝皮书(2021 年)》及相关统计数据显示,2021 年全球共实施 146 次发射任务,共计发射各类卫星超过 1800 颗,创历史新高,其中美国占比达到 85%左右。同时,根据美国忧思科学家联盟(UCS)和相关公开统计数据,从已知的卫星来看,全球小卫星的发射数量已经从 2016 年的 45 颗大幅增长到 2021 年的 1624 颗,占比从 43%增长到 97%,标志着小体量发射已成趋势。在卫星制造、卫星发射、地面基站及终端设备、卫星运营服务四大产业链环节中,卫星制造属于技术密集、附加值高、竞争力强的领域,发展潜力巨大。根据最新统计数据,在全球卫星制造业收入分布中,美国卫星制造业占比超过 60%,超过其他国家总和,成为各国提升核心竞争力的关键环节。伴随卫星小型化与微型化发展进一步提速、"一箭多星"、火箭回收利用等技术的逐步成熟及卫星制造从单体小

批量向大规模批量生产根本性转变，产业界各方通过技术创新、规模化生产、完善配套产业链及商业模式创新等方式，能够进一步降低卫星制造及发射成本，促使全球卫星制造迎来高成长期。

场景持续创新应用将成为卫星互联网的重要内容。近年来，全球卫星互联网场景创新持续突破，广泛应用于5G全球覆盖、智能物联网、远程教学与医疗、油田开采、航空通信、交通运输、应急通信等诸多领域并持续开展业务创新，例如，维珍银河"团结"号、蓝色起源"新牧羊人"号提供高度80千米、100千米的亚轨道观光服务，SpaceX提供高度575千米的绕地飞行服务及宇航机组人员入太空服务，以及当前的太空挖矿热等。在全球战略布局中，加拿大更是将打造天基物联网星座作为本国卫星互联网发展的重要战略方向，以此来巩固本国在遥感探测、卫星通信、太空机器人等技术方面的领先优势。业界普遍认为，伴随人工智能、地理信息、软件与信息服务等技术的不断进步，除了传统的通信和互联网宽带业务，还将衍生出新的应用场景，诸如卫星物联网、船载/机载Wi-Fi、海洋作业与科学考察、生态环境监测与应急智慧通信、政府与军事应用、工业互联网与无人化生产、无人驾驶汽车等领域场景将更为丰富，应用广度和深度都将得到持续扩展。

卫星互联网成为空间国际规则、轨道资源竞争的重要发力点。近年来，以美国为首掀起的新一轮太空军备竞赛正愈演愈烈，各国纷纷将卫星互联网建设上升为国家战略。美国及其同盟国纷纷发布相关战略并强化区域性基础设施建设，致力于构建以卫星互联网为基础的太空态势感知及地面监测雷达等系统，进一步抢占空间卫星频率及轨道资源，巩固太空科技竞争能力，并以此来主导有关太空国际规则制定进程。以美国为例，自2019年设立新的"太空军"以来，美国白宫、国防部、太空作战司令部陆续发布了包括《国防太空战略》《太空作战规划指南》《国家太空政策》在内的多项顶层战略文件，聚焦太空态势感知、太空控制、定位、导航与授时、监视与侦查、卫星通信、太空运输及卫星操作等十大领域构建联合作战区域能力，确保美军及其伙伴国进入和利用太空的自由。太空态势感知作为其首要和重点环节，以构建下一代太空体系架构为目标，布局多个由数百颗承载多种有效载荷的小型卫星组成的星座，打造能实现快速部署和自愈、大规模低延迟去中心化的弹性卫星天

基网状网络，补充和支持由美国国家侦查局和美国太空军主导的军事航天系统。基于此，美国低轨星座已全面进入竞争提速期，SpaceX"星链"等重点项目再次按下加速键，根据美国忧思科学家联盟（UCS）和相关公开统计数据，2022年1月全球共有在轨运行的卫星数量为4852颗，美国以2944颗的绝对优势位居全球首位；SpaceX累计发射星链卫星2042颗，其中正式运营1469颗，占全球在轨运行卫星总数的30%左右，充分利用国际电信联盟（ITU）卫星频率和轨道"先占永得"原则和本国的先发优势，进一步压缩了其他国家资源的有效空间。

第十章

元宇宙

第一节　发展情况

2021年元宇宙开启了资本市场新一轮投融资热潮。2021年10月，Facebook正式更名为Meta，成为投资风向标转变的开始。国外调研机构Crunchbase News数据显示，2021年第四季度，VR/AR初创公司的融资金额创下历史新高。这使得2021年成为VR/AR领域有史以来投资第二好的年份，全年融资达39亿美元（折合人民币约247亿元），仅次于2018年的44亿美元（折合人民币约278亿元）。截至2022年4月，仅2022年第一季度，全球VR/AR企业获投融资就已经超43笔，其中超亿元的投融资就足足有18笔，最高单笔融资金额达22亿元人民币，融资总金额达到63亿元人民币，相比2021年第一季度的融资总金额42亿元，增长51%。

2021年全球VR头显市场迎来高速增长，Meta及微软分别居VR终端和AR眼镜市场龙头地位。IDC数据显示，2021年全球VR/AR头显出货量达到1123万台，市场同比增长92.1%。其中，VR头显出货量达1095万台，2C端VR头显出货量首次超过2B端，VR头显开启消费级市场之路。预计2022年全球VR头显出货量将突破1573万台，同比增长43.6%。Meta旗下Oculus Quest 2出货量约880万台，市场占有率为80%，已成为全球VR头显市场的代表性产品。AR眼镜市场龙头地位被微软占据。国内品牌方面，字节跳动旗下VR头显品牌Pico市场占有率为 6%，居全球第二。我国 VR 头显设备市场较小，2021 年出货量不足百万台，其中 Pico、爱奇艺瓜分了过半的市场份额。VR 头显设备持续发展及迭代，离不开芯片、光学、显示等核心器件的有力支撑。

头部通信企业已开始布局处理器领域。2018 年全球首个 XR 专用芯片高通骁龙 XR1 平台改变了整个虚拟现实头显的格局，2019 年高通推出全球首款支持 5G 的 XR 平台——骁龙 XR2，其支持 3K 单眼分辨率、8K 360°全景视频、七路并行摄像头，目前已成为 2000～4000 元消费级产品 VR/AR 头显的主流选择。

实时渲染与开发引擎已成为业界发力重点。在实时渲染方面，由于元宇宙更加注重实时的沉浸式交互，因此实时渲染技术更适用于元宇宙。实时渲染指图形数据的实时计算与输出，其每一帧都是针对当时实际的环境光源、相机位置和材质参数计算得出的图像。与离线渲染相比，实时渲染面临可渲染时长短、计算资源有限的问题。随着图形处理器及算法的升级，渲染的真实性和实时性均有明显提升。在开发引擎方面，动视暴雪（无尽引擎）、EA（寒霜引擎）、Take-Two（Rage 引擎）等游戏巨头组建庞大的研发团队独立开发自研引擎，国内头部游戏厂商均有自研引擎，但仅限于内部游戏使用。但由于中小厂商或新工作室受制于开发周期与投入预算，同时开发引擎所需技术与其能力不匹配，第三方商业引擎占比持续提升，2021 年 Unity 全球市场占有率达 49.5%，Unreal 全球市场占有率达 9.68%，行业双寡头格局基本稳定。越来越多的游戏厂商在商用引擎 Unity 和 Unreal 基础上，针对开发特性对引擎进行深度定制化，以适配特定项目的开发。

2021 年，国内互联网巨头集体布局元宇宙市场。互联网巨头在游戏领域的布局尤受关注。网易在 2021 年投资多家"虚拟人"公司，包括虚拟人生态公司次世文化、虚拟形象技术公司 Genies、虚拟社交平台 Imvu、北京红棉小冰科技有限公司等。阿里巴巴在 2021 年 10 月组建 XR 实验室，计划完成从现实社会到虚实相融社会的过渡。百度在 2021 年年底上线内测其首款元宇宙产品希壤 App，并举办了一场元宇宙大会。字节跳动在 2021 年 9 月收购 Pico，价格约为 90 亿元，是中国 VR 行业最大的一笔收购案。

第二节　发展特点

数字经济与实体经济深度融合成为推动元宇宙发展的主旋律。在元宇宙的世界中，人们可以不受地域的限制进行自由的"面对面"的协作和沟通，从而将"万物互联"逐步推向"万物协作"。在这个过程中，交易不仅仅会在人与人之间发生，人与机器、机器与机器之间也会频繁地发生交易，由此带来的数字化会使得每个智能硬件拥有独一无二的数字身份，在这个过程中支付方式都是实时清算的，数字经济与实体经济也将进一步实现深度的融合。

元宇宙提供了触达用户的新渠道。各大龙头互联网企业和传统企业也积极参与元宇宙进行试水，充分挖掘元宇宙发展潜力。当前，作为发展初期的元宇宙，网络用户已有一定的认知性，并且对元宇宙保持着较高兴趣度。在元宇宙的相关实践领域中，用户对虚拟现实融合的沉浸体验活动参与意愿最高。基于元宇宙社交性、沉浸式、强交互、用户创造等特点，元宇宙为品牌营销触达、互动体验构建、用户运营和产品零售革新提供了巨大想象空间。在广告营销方面，元宇宙作为去中心化的数字空间，打破时空限制，提供了丰富的宣传方式。同时，广告形式不再是手机/PC 屏幕上的图文与视频，虚拟技术丰富了品牌创意和广告表达方式，用户广告观感更为鲜活；体验构建上，元宇宙现场性、灵活的互动方式为用户带来身临其境的体验。

数字孪生与智能制造已成为探索实现工业元宇宙的主要路径。工业 4.0 的概念最早出现在德国，指利用信息物理系统（Cyber Physical System，CPS），将生产中的供应、制造、销售信息数据化、智慧化，最后达到快速、有效、个人化的产品供应。工业 4.0 与前三次工业革命有本质区别，其核心是 CPS 的深度融合，即把传感器等智能装置嵌入各种物体和环境中，并且通过网络加以连接，形成物联网，再通过超级计算机和云计算将物联网和互联网整合起来，实现人类社会活动与物理系统的整合。数字孪生技术是 CPS 技术的核心，数字孪生与智能制造已逐步成为实现工业元宇宙的主要路径。

龙头企业与第三方组织已前瞻布局元宇宙专利池。2022 年 1 月，

IPwe（全球知识产权管理解决方案提供商）和 Open Meta 基金会联合宣布成立元宇宙智能专利池，第一个创始成员为 SDK Co。IPwe 元宇宙智能专利池将通过指数型技术为创新者赋能，并通过共享对元宇宙生态系统的发展提供至关重要的关键技术，鼓励创新技术的采用，最大限度地增加商业机会，并带来投资回报，同时保持最大的灵活性，可以根据未来商业和市场条件的要求及时改变方向。该专利池为专利持有人（创始成员）和实施者（普通成员）提供了专利管理工具，希望能够帮助专利池成员实现专利组合的价值。利用 IPwe 平台的专利许可费率提供标准化的许可条款，可实现专利池会员的收益。从专利申请数量来看，排名靠前的相关专利的申请人均为大型互联网科技企业，包括微软、三星、英特尔、索尼、LG、高通、谷歌以及 IBM，此外，较为靠前的申请人还包括苹果、Meta、亚马逊等。

区 域 篇

第十一章

京津冀地区

第一节　整体发展情况

京津冀地区拥有比较雄厚的资源禀赋和产业基础，同时具备核心枢纽区位、市场规模巨大、开放条件优良等优势，是我国科技创新资源最丰富的地区之一。自京津冀协同发展战略实施以来，京津冀城市群在明确的产业分工基础上，不断强化重点产业之间的协同创新，高质量发展稳步推进，发展态势持续向好。

产业协同创新集聚区初具雏形，区域经济总量规模持续扩大。天津和河北承接非首都功能疏解的能力逐步提高，初步形成了"北京疏解、津冀承接，北京研发、津冀转化"的产业协同创新格局，同时，立足京津冀、辐射全国的产业协同创新集聚区已经初具雏形。数据显示，京津冀区域经济总量持续扩大，2021年京津冀地区生产总值合计9.6万亿元，是2013年的1.7倍，再次迈上新台阶。2021年，京冀经济总量均突破4万亿元，其中，北京为40269.6亿元，年均增长6.3%；天津为15695.1亿元，年均增长5.0%；河北为40391.3亿元，年均增长6.3%。

以双循环格局构建为核心，重构基于质量效益的区域产业链。北京未来产业发展重点将放在发展节能环保产业、文化创意产业；促进健康、养老、体育产业发展；打造金融、信息、科技服务三大优势产业；力争在新能源汽车、集成电路、机器人、3D打印等重点领域取得突破；积极发展大数据产业。天津重点招商引资产业：现代服务业的高端商业和电子商务，研发、结算中心和企业总部，现代物流业，金融业，文化产业等；打造移动互联、电子商务、智慧城市、泛娱乐和信息安全5个创新型产业集群。河北未来产业发展重点将放在以下方面：推广冰雪运动、发展冰雪产业，打造京张体育文化旅游产业带；壮大保定汽车、石家庄通用航空、唐山动车城、秦皇岛汽车零部件等先进装备制造基地；推进沧州激光、邢台新能源汽车产业园；做强光伏、风电、智能电网三大新能源产业链；建设"京津冀大数据走廊"；培育壮大节能环保监测、治理装备产业；推动旅游产业发展；发展畜牧、蔬菜、果品三大优势主导产业。

第二节 产业发展特点

一、产业协同发展有序推进，引导产业有序梯度转移

产业协同开创新局。京津冀三地协同推进规划共编、项目共享、企业互动、园区共建，"2+4+N"产业合作格局初步形成；城市副中心产业"腾笼换鸟"全面推进，积极对接雄安新区规划建设；汽车、医药、装备、大数据和云计算等领域的产业合作和项目落地取得重大突破。

产业分工格局初显。京津冀三地产业优势各异，产业分工格局逐渐明确。北京先进服务业优势最大，并且有扩大趋势。天津一般性服务行业有一定程度的增长，一些服务行业开始建立比较优势。河北的传统优势产业在第二产业，同时高技术制造业快速发力。

科技创新领域合作取得实质性进展。2014—2021年，京津冀三地达成的技术合同成交额为1700亿元，中关村企业在津冀两地设立的分支机构超过9000家。河北与京津两地合作共建的科技园区、创新基地、技术市场、创新联盟等科技创新载体超过210家，2021年与北京达成的技术合同成交额为350亿元。

二、"一核、双城、三轴、四区、多节点"空间格局逐步完善

"一核"首都核心功能优化提升。北京是京津冀区域协同发展的核心，其辐射带动作用进一步显现。北京GDP占区域GDP比重不断提高，

由 2015 年的 33.18%上升至 2021 年的 44.91%。与此同时，非首都功能疏解初见成效，"大城市病"问题初步得到缓解。

"双城"联动引擎作用不断凸显。北京和天津是京津冀协同发展中的"双城"，带动区域经济社会一体化发展的引擎作用不断显现。京津两市 GDP 占区域 GDP 比重从 2015 年的 57.02%上升至 2021 年的 60.50%。

"三轴"人口产业集聚作用显著。京津、京保石、京唐秦是京津冀区域的主要通道，是区域主要的产业发展带和城镇集聚轴，产业要素的轴向集聚作用显著。京津发展轴沿线的主要城市北京、廊坊、天津经济发展速度较快，"京津冀大数据走廊"建设步伐加快，科研成果转化优势突出。京保石发展轴沿线的主要城市保定、石家庄、邢台、邯郸等制造业转型升级成效显著。京唐秦发展轴沿线的天津市宝坻区、唐山、秦皇岛等地的产业对接协作工作不断深入。

"四区"差异化发展格局初步形成。中部核心功能区是引领京津冀协同发展的核心区域，京津保地区率先开展联动发展，廊坊、保定两市合理承接产业迁移疏解，经济总量不断扩大。东部滨海发展区在强化港口群建设、加强港城联动基础上，重点发展战略性新兴产业、先进制造业和生产性服务业，发展势头强劲。南部功能拓展区重点承担农副产品供给、科技成果产业化和高新技术产业发展功能，经济实力不断增强。西北部生态涵养发展区充分发挥生态保障、水源涵养、旅游休闲、绿色产品供给功能，促进了区域社会经济的发展。

"多节点"城市综合承载力增强。石家庄、唐山、保定、邯郸等区域性中心城市的产业和人口集聚功能不断强化；张家口、承德、廊坊、秦皇岛、邢台、衡水等节点城市的支撑作用有所增强。

"两翼"先行引领区域协同发展。北京城市副中心和河北雄安新区是京津冀协同发展中的"两翼"，其发展已从顶层设计阶段转向落地建设阶段，作为区域联动的先行区推动京津冀一体化发展。

第三节　重点城市及地区

一、北京

产业发展能级实现跃升，产业项目落地成果丰硕。2021 年，全市高精尖产业发展能级实现新跃升。2021 年全市高精尖产业实现增加值 10573.8 亿元，占地区生产总值比重达到 29.1%，较 2018 年提高 2.6 个百分点；培育形成新一代信息技术（含软件和信息服务业）、科技服务业两个万亿级产业集群以及智能装备、医药健康、节能环保、人工智能 4 个千亿级产业集群。落地投产新能源整车产线，建成全球首个网联云控式高级别自动驾驶示范区。建设国内规模最大的 12 英寸集成电路生产线、8 英寸集成电路国产装备应用示范线。国家级专精特新"小巨人"、制造业单项冠军、智能制造示范项目和系统解决方案供应商数量全国领先，涌现出福田康明斯"灯塔工厂"、小米"黑灯工厂"等行业标杆。率先启动建设国家网络安全产业园，聚集全国半数以上的网络安全和信创企业。落地工业互联网标识解析国家顶级节点、国家工业互联网大数据中心和安全态势感知平台等一批重大基础设施平台。

产业创新能力明显提高，产业提质增效迈出坚实步伐。2021 年高精尖产业研发经费投入占收入比重的 7.3%。创建 3 个国家级制造业创新中心、92 个企业技术中心和 8 个工业设计中心，布局人工智能、量子信息、脑科学等一批新型研发机构。拥有独角兽企业 93 家，数量居世界城市首位。涌现出柔性显示屏、国内首款通用 CPU（中央处理器）、新冠灭活疫苗、5G + 8K（第五代移动通信技术 + 8K 超高清分辨率）超高清制作传输设备、新型靶向抗癌新药、手术机器人、高精密减速器等具有全球影响力的创新成果。2016—2021 年全市累计退出一般制造业企业 2273 家。2021 年规上工业人均产值、规上制造业地均产值较 2015 年分别增长 60.5%、19.7%；规上软件和信息服务业人均营业收入较 2015 年增长 99.1%。

坚持产业基础高级化、产业链现代化，战略布局未来产业。前瞻布局量子信息、新材料、人工智能、卫星互联网、机器人等未来产业，培

育新技术、新产品、新业态、新模式。建设未来技术创新研究院和未来技术成果转化中心。加快布局量子计算、量子通信、量子精密测量等重点细分产业，支持企业参与量子点和拓扑体系量子计算关键技术研发应用。实施新材料产业链强基行动，建设新材料技术中试基地，支持石墨烯、纳米材料、超材料、稀土永磁材料、高温超导材料等一批变革性材料开发和加工制备企业的发展。鼓励企业开展 AI 芯片、高端传感器等人工智能细分领域应用，建设国家高端仪器和传感器产业基地。优化"南箭北星"空间布局，聚焦无人机、卫星、火箭、地面终端、定位服务等细分领域，吸引一批航天产业链上下游企业在京落地。打造国家北斗创新应用综合示范区，建设北斗产业创新中心，培育全链条全流程的复合型"北斗+"集成业态，孵化一批北斗时空智能企业，打造未来空天产业集群。建设工业机器人产业基地，集聚一批机器人核心部件、智能工厂解决方案等领域领先企业，实现专业隐形冠军企业集群式发展，自主品牌工业机器人实现规模化量产。

二、天津

京津冀协同发展战略稳步推进。坚持把京津冀协同发展作为推动天津高质量发展的根本出路和内生动力，"一基地三区"建设取得明显进展。积极承接北京非首都功能的疏解，引进北京项目 3062 个，到位资金 4482 亿元。优化提升承接载体，滨海—中关村科技园累计注册企业 2012 家，一批总部机构和优质项目签约落户。主动支持服务雄安新区建设，天津港雄安新区服务中心挂牌成立。"通武廊"地区"小京津冀"改革试验加快实施。公共服务一体化持续推进，专业技术人才职称资格互认互准。"轨道上的京津冀"初具雏形，京滨、京唐、津兴铁路加快建设，城际交通网络不断完善。智慧港口、绿色港口、枢纽港口建设实现重大突破，集装箱吞吐量超过 1800 万标准箱。

发展质量效益稳步提升。加快培育壮大新动能，产业结构、财税结构日益优化。科技创新能力明显提高，国家高新技术企业总数达到 7420 家，国家科技型中小企业数量达到 8179 家。每万人发明专利拥有量达到 24.03 件，研发经费投入强度达到 3.2%，综合科技创新水平位居全国前列。率先举起智能科技大旗，成功举办四届世界智能大会，大力实施新

一代人工智能、生物医药、新能源、新材料产业发展三年行动计划，航空航天、装备制造、石油化工、汽车工业等优势产业加快转型升级，战略性新兴产业增加值占规上工业增加值比重达到 26.1%，高技术产业（制造业）增加值占规上工业增加值比重达到 15.4%。服务业质量效益提升，占地区生产总值的比重提高到 64.4%，融资租赁保持国内领先地位。税收收入占一般公共收入的比重从 2015 年的 59.2%提高到 78%。

重点布局四大优势前沿产业。全面提升产业智能化水平和创新能力，构建集研发、制造、维修、服务于一体的航空航天产业体系，建成国家探月和火星探测等重大工程项目生产研发基地，打造一流的航天器研制基地和测试中心，成为具有国际先进研发制造水平的航空航天产业基地。聚焦研发设计、高端制造、系统集成和服务等核心环节，着力发展智能装备、轨道交通装备、海洋装备、大型工程机械、关键基础部件等，全面提升产业智能化、绿色化及相关服务业水平，形成一批具有国际先进水平的装备制造业产业集群，成为具有全球影响力的高端装备产业示范基地。坚持电动化、网联化、智能化发展方向，做优整车、做大新能源汽车、做强智能网联车、做精核心零部件，鼓励产业间跨界融合，增强产业国际化水平，打造全国新能源汽车与智能网联车发展高地。围绕精细化、绿色化、智能化，优化提升传统化工，提高炼化一体化水平，大力发展烯烃深加工、高端精细及专用化学品，拉长产业链，推动产业结构优化和转型升级，建成世界级绿色石化产业基地。

三、河北/雄安新区

创新能力稳步增强，数字化转型步伐加快。2021 年河北省规上制造业企业研发经费投入年均增长 12.9%，规上工业企业新产品开发项目数量和专利申请量比 2015 年实现翻番。国家级高新技术企业数量增长近 5 倍，达到 9700 家，跻身全国前十；科技型中小企业年均增长超过 1 万家，总数突破 8.9 万家；培育省级以上各类创新平台超 2000 家；培育技术创新示范企业 219 家；创建省级工业设计中心 63 家，工业设计创新中心覆盖各市（含定州、辛集市），雄安新区未来工业设计研究院建成投用。大力推进数字产业化、产业数字化，2021 年全省数字经济规模达 1.19 万亿元，占 GDP 比重的 32.2%。关键工序数控化率由 2015

年的49.2%提高到2021年的57.3%，连续5年高于全国平均水平3.5个百分点以上，居全国第五位。培育省级工业互联网平台47个、数字化车间368个，推动1.2万余家工业企业上云。全省在线运营服务器规模超180万台，累计建成5G基站2.3万个，基本实现各市、雄安新区主城区、冬奥会张家口赛区5G网络全覆盖。成功举办2019中国国际数字经济博览会，签约项目150个，总投资1500亿元，展会规格、规模、全球影响力创河北历史之最。

  打造雄安新区高端高新产业发展核心区。坚持世界眼光、国际标准、中国特色、高点定位，加速吸纳集聚优质创新要素，打造雄安新区高端高新产业发展核心区。重点发展新一代信息技术、现代生命科学和生物技术、新材料等战略性新兴产业，推动中国星网、中国中化、中国华能等一批龙头骨干企业和企业总部落户。启动互联网产业园建设，建设国家数字经济创新发展试验区，在智慧城市建设、数据要素流通、体制机制构建等方面先行先试，打造数字经济创新发展领军城市。推进雄安超算云中心、城市级物联网平台建设，完善智能基础设施和感知体系。建设数字化主动配电网，打造国际领先的能源互联网示范区。围绕打造全球创新高地，推动布局建设国家级信息网络实验平台、生命科学、人工智能、5G实验室等创新研究平台和工程研究中心，加快推进现代生命科学和生物技术、大数据与人工智能、互联网与信息服务等高端高新产业园区建设。高标准推动中国（河北）自由贸易试验区雄安片区建设，建设雄安国际科技成果展示交易中心、国家技术转移中心、国家质量基础设施研究基地。到2025年，雄安新区世界级高端高新产业集群初步形成，打造新时代高质量发展的全国样板。

第十二章

长三角地区

　　长江三角洲地区（以下简称"长三角地区"）范围包括上海、江苏、浙江、安徽全域（即"三省一市"），是我国经济发展最活跃、开放程度最高、创新能力最强的区域之一，在国家现代化建设大局和全方位开放格局中具有举足轻重的战略地位。推动长三角一体化发展，以上海，江苏的南京、无锡、常州、苏州、南通、扬州、镇江、盐城、泰州，浙江的杭州、宁波、温州、湖州、嘉兴、绍兴、金华、舟山、台州，安徽的合肥、芜湖、马鞍山、铜陵、安庆、滁州、池州、宣城27个城市为中心区，辐射带动长三角地区高质量发展。以上海青浦、江苏吴江、浙江嘉善为长三角生态绿色一体化发展示范区，示范引领长三角地区更高质量一体化发展。以上海临港等地区为中国（上海）自由贸易试验区新片区，打造与国际通行规则相衔接、更具国际市场影响力和竞争力的特殊经济功能区。长三角地区将面向量子信息、类脑芯片、第三代半导体、下一代人工智能、靶向药物、免疫细胞治疗、干细胞治疗、基因检测八大领域，加快培育布局一批未来产业。增强长三角地区创新能力和竞争能力，提高经济集聚度、区域连接性和政策协同效率，对引领全国高质量发展、建设现代化经济体系意义重大。

第一节　整体发展情况

　　总体来看，长三角地区未来产业发展整体良好，产业规模不断增加，产业结构持续优化。《长江三角洲区域一体化发展规划纲要》为长三角

区域未来产业的发展提供了新的发展方向，长三角地区充分发挥重点城市、龙头企业的牵引作用，不断集聚创新资源，持续完善产业格局，区域协同发展态势显现。

长三角区域是我国新一代信息技术发展的重要产业基地和创新高地，通过主要城市产业规模、园区分布、产业特色的分析，长三角地区已逐步形成了合理化布局、优势化发展、差异化竞争的产业梯队。上海目前以汽车、地产、金融为支柱产业，未来仍将聚焦总部经济、金融、科创等功能，向外疏解非核心功能，未来产业发展重点聚焦新一代信息技术、金融、航运、生物医药、新能源、文化创意和商贸会展等。江苏当前支柱产业包括机械装备制造、电子计算机、交通运输和石油化工等，制造业已形成产业发展集群，未来产业发展重点聚焦新一代信息技术、人工智能、海洋工程、生物医药等。浙江当前支柱产业包括互联网、电子计算机、化工、机械、医药医疗、有色金属等，未来产业发展重点聚焦生物医药和健康、新能源、新材料、海洋工程、高端装备智能制造等。安徽当前的支柱产业包括建材、有色金属和钢铁等，未来产业发展重点聚焦新一代信息技术、高端装备智能制造、新材料等。

第二节　产业发展特点

一、产业集聚和资源优势凸显

长三角地区战略性新兴产业和未来产业发展迅猛，产业集聚度高，培育出了一批特色鲜明、创新能力强、品牌形象优、国际化水平高的龙头企业与初创企业。未来产业细分领域中的生物医药、人工智能、新能源汽车和新材料是长三角"三省一市"发展领域的共同选项。政策方面，随着长三角更高质量一体化发展上升为国家战略，长三角地区未来产业迎来新的发展良机。一方面，长三角各地政府坚持开放合作的理念，加强连接与融合，打造政策服务平台，形成了更加开放的长三角区域政策环境，充分实现信息和资源共享；另一方面，"三省一市"因地制宜，相继出台战略性新兴产业和未来产业相关计划，全力扶持相关产业发展，不断优化产业发展动能。在技术研究创新方面，长三角地区拥有上海张江、安徽合肥两个综合性国家科学中心，并集中了浙江大学、南京大学、复旦大学、上海交通大学、中国科学技术大学等全国 1/4 的"双一流"高校，以及近 300 家国家级双创示范基地、国家工程研究中心和工程实验室。在人才体系构建方面，长三角地区不断整合社会、企业、高校资源，建立健全多层次、多类型的软件人才体系。在企业实力方面，长三角地区培育形成了一批具有国际竞争力的大型企业及大批人工智能、大数据、工业互联网等领域的中小型创新企业，如上海的中国银联、华讯网络、宝信软件，浙江的阿里巴巴、海康威视、大华技术，江苏的南瑞、熊猫电子，安徽的科大讯飞等。

二、产业协同和创新势能强劲

长三角地区积极顺应中国经济发展趋势，组织产业联盟与创新交流活动，逐渐形成以重点城市为中心、整个区域协同发展的体系。"三省一市"基于自身优势，打造培育了特点各异的新技术、新产品、新应用，形成了优势互补的良好发展态势，并将在原始创新—成果转化—平台建设三个环节开展深入合作。其中，上海围绕国际经济、金融、贸易、航运和科技创新"五个中心"建设，着力提升大都市综合经济实力、金融资源配置功能、贸易枢纽功能、航运高端服务功能和科技创新策源力。江苏发挥制造业发达、科教资源丰富、开放程度高等优势，推进沿沪宁产业创新带发展，加快苏南自主创新示范区、南京江北新区建设，打造具有全球影响力的科技产业创新中心和具有国际竞争力的先进制造业基地。浙江发挥数字经济领先、生态环境优美、民营经济发达等特色优势，大力推进大湾区大花园大通道大都市区建设，整合提升一批集聚发展平台，打造全国数字经济创新高地、对外开放重要枢纽和绿色发展新标杆。安徽发挥创新活跃强劲、制造特色鲜明、生态资源良好、内陆腹地广阔等优势，推进皖江城市带联动发展，加快合芜蚌国家自主创新示范区建设，打造具有重要影响力的科技创新策源地、新兴产业聚集地和绿色发展样板区。

第三节 重点城市

一、上海

上海大力培育发展战略性新兴产业，产业规模不断壮大。《上海市战略性新兴产业和先导产业发展"十四五"规划》数据显示，上海战略性新兴产业保持快速增长态势，产业增加值由2015年的3746亿元增长至2020年的7328亿元，占全市生产总值比重从15%提高到18.9%。其中，制造业部分增加值由1673亿元增长至2960亿元，年均增速为12.1%，比同期全市工业增加值年均增速高5.8个百分点；制造业产值从8064亿元增长至13931亿元，占全市规上工业总产值比重从26%提高至40%；服务业部分增加值由2073亿元增长至4368亿元，年均增速为16.1%，比同期全市服务业增加值年均增速高5.2个百分点。重点产业不断集聚壮大，集成电路产业规模占全国比重超过20%，生物医药产业科创板上市企业数量占全国总数的1/4，人工智能产业重点企业超过1150家。

上海产业创新能力持续提升，创新生态不断完善。2021年，上海全社会研发经费投入占全市生产总值的比重超过4%。一批关键核心技术实现突破，集成电路先进工艺实现量产，7纳米和5纳米刻蚀机进入国际先进生产线，桌面CPU、千万门级FPGA等关键产品达到国际主流水平，12英寸大硅片实现批量供应。结直肠癌新药呋喹替尼等创新药物，先进分子成像设备全景PET/CT，首个国产心脏起搏器等原创医疗器械获批注册上市。全球首款人工智能云端深度学习定制化芯片发布。上海全力推进集成电路、生物医药、人工智能三大产业高地"上海方案"，国家授权上海先行先试的10项重大改革举措已全面落地，并出台《上海市推进科技创新中心建设条例》和《进一步深化科技体制机制改革增强科技创新中心策源能力》等70余个地方配套法规政策。上海集成电路产业基金一期募资近500亿元，生物医药产业股权投资基金、人工智能产业投资基金正式启动。全市高新技术企业数量超过1.7万家，国家大学科技园14家，众创空间500余家，服务中小科技企业和团队近3

万家。

"十四五"期间，上海将结合自身科教资源与产业基础优势，谋划布局一批面向未来的先导产业。上海的未来产业主要有光子芯片与器件产业、基因与细胞技术产业、类脑智能产业、新型海洋经济产业、氢能与储能产业和第六代移动通信产业。大部分的未来产业仍未实现规模化商用，仍在试验和探索阶段。光子芯片与器件产业方面，上海的两大顶尖高校正全力推进光子芯片的研发，目前已经打通光子芯片从设计到流片的全流程，在三维光子芯片方面已经世界领先。目前，上海正致力于打造光子芯片全产业链，努力掌握关键核心技术，让国内企业摆脱对国外光芯片供应商的依赖。基因与细胞技术产业方面，上海在全国范围内全面领先。以2021年10月揭牌的张江细胞和基因产业园为例，在全国批准的细胞药物临床试验项目中，有16项来自张江，占到了全国的近1/3，在基因治疗领域，张江细胞和基因产业园集聚各类基因治疗企业超过30家，在研管线超过80个，正力图成为技术规模双领先的细胞与基因产业集群。类脑智能产业方面，上海的类脑智能产业走在了全国前列。2021年7月，上海市市级科技重大专项"脑与类脑智能基础转化应用研究"重大阶段新成果发布，项目团队在类脑人工智能算法、重大脑疾病智能诊疗、类脑智能芯片、类脑智能与工程实现等未来智能科技领域产生重大原始突破；在基础研究、应用技术、产业化推广的创新链上已取得了一系列重要进展。海洋经济产业方面，上海逐步形成了以海洋交通运输、海洋船舶和高端装备制造、海洋旅游业等现代服务业和先进制造业为主导，海洋药物和生物制品、海洋可再生能源利用等海洋战略性新兴产业为发展新动能的现代海洋产业体系。同时，"两核三带多点"的海洋产业布局逐步建立，临港、长兴岛海洋产业发展成效显著。2021年上海实现海洋生产总值10366.3亿元，位居全国第四名。2021年全市海洋生产总值约占当年全市生产总值的24%，占当年全国海洋生产总值的11.5%。氢能与储能产业方面，上海作为国内较早介入氢能和燃料电池领域的城市，其作为国内主要的炼化基地之一，拥有充足的工业副产氢，具备制氢的资源禀赋，且上海早在"十五"期间就开始参与燃料电池汽车和关键设备的研发，在氢燃料电池电堆及系统领域，拥有捷氢科技、上海重塑、上燃动力等知名企业，技术水平在国内处于领先

地位，但与国际先进城市的氢能发展尤其是燃料电池技术和应用相比还有不小的差距。第六代移动通信产业方面，华为在上海的 6G 研发团队已经在 5G 商用之前开始了 6G 的研发布局，但距离 6G 产业的应用仍有较远的距离。目前，华为在上海的无线研发团队正加大 5.5G 全栈解决方案的研发。

上海各区在各大未来产业发展上各有偏重。崇明区依靠自身的地理优势和资源优势，优先发展新兴海洋经济产业；上海市区则重点发展低污染的高新技术产业，如光子芯片与器件产业、类脑智能产业和氢能与储能产业；浦东新区则依靠自身的科创优势和区位优势，着重发展基因与细胞基础产业、类脑智能产业和新型海洋经济产业。

二、南京

南京经济发展质效持续改善，实体经济根基持续巩固，产业结构不断优化。南京市一般公共预算收入达到 1637.7 亿元，地区生产总值接近 1.5 万亿元，改革开放以来首次跻身全国前十，人均地区生产总值居全国同类城市前列。投资活力不断增强，台积电晶圆厂等一批龙头项目落地投产。实施固链强链补链专项行动，培育软件和信息服务、新医药与生命健康、人工智能等八大产业链，形成 1 个 5 千亿级、4 个千亿级战略性新兴产业集群。上市公司总数达到 126 家。成功获批国家农业高新技术产业示范区和国家现代农业产业科创园。南京提出到 2025 年，战略性新兴产业产值年均增长达到 30%以上；力争全社会研发经费支出占地区生产总值比重达到 4%以上，集聚各类创新型人才 10000 人以上；年新增市场主体 10000 家；累计形成省级以上复制推广首创性案例 50 项。

南京有力推进创新名城建设，创新成果不断显现。实施创新驱动发展"121"战略，成立市委创新委员会，建立高新区管委会总部和"1+N"的管理体系，网络通信与安全紫金山实验室、扬子江生态文明创新中心等重大科技创新平台建成使用，建立全链条科技企业培育体系，新型研发机构总数超过 400 家，高新技术企业数从 2015 年的 1274 家增加到 6500 余家。实施"生根出访"计划，布局建设 29 家海外协同创新中心。高新技术产业产值占规上工业总产值比重达到 53.4%，全社会研发经费支出占地区生产总值比重和科技进步贡献率分别达到 3.38%、66%，每万人发明专利拥有量达到 82.86 件。南京打造集聚创新资源"强磁场"经验获国务院通报表扬。

南京"十四五"规划布局了未来网络、航空航天、区块链、量子信息、安全应急、脑科学等未来产业。其中未来网络产业将重点发展深度计算技术，构建新业态融合创新的未来网络产业体系。航空航天产业通过重点发展整机、关键零部件、设备系统、新材料等领域不断扩大低空经济产业规模，打造链条完整的产业集群。区块链产业致力关键核心技术，推进区块链在政务、金融、供应链管理、司法存证等重点领域的示范应用。量子信息产业将建立先进科学仪器与设备研发平台，培育全国量子信息产业高地。安全应急产业重点发展高精度灾害监测预警等应急产品，推动应急产业向中高端发展。脑科学产业聚焦非线性脑科学与脑成像领域，建设脑科学与智能技术平台。此外，还将探索布局数字孪生、数字低碳、云原生、第三代半导体、元宇宙等前沿数字产业和未来产业，积极创建国家人工智能创新发展试验区和创新应用先导区。

在未来产业重点细分领域空间布局方面，南京各区呈协同发展态势。其中，玄武区、栖霞区、秦淮区、建邺区、六合区协同发展包括脑科学等前瞻性医疗产业；南部新城包括高淳区、溧水区等重点发展航空航天产业；各区均有侧重发展未来网络、区块链等产业。现阶段，产业园区建设聚集于江宁、浦口等郊区新城，其中江宁区产业基础好，交通便捷，配套完善，聚集了全市 1/3 的产业园区，开发主体以企业为主，占比达 86.1%。园区类型方面，科研办公园区、生产制造园区和孵化器较多，占比分别为 35.4%、23.9%、18.2%，为南京未来产业的发展奠定了载体基础。

三、杭州

杭州已在多个重点前沿领域率先探索布局，并取得一定的成果。杭州市政府印发了《关于加快推动杭州市未来产业发展的指导意见》，在人工智能、虚拟现实、区块链、量子技术、增材制造、商用航空航天、生物技术和生命科学等重点前沿领域率先探索布局。经过多年努力，杭州成功入选国家新一代人工智能创新发展试验区、国家人工智能创新应用先导区、国家区块链创新应用综合性试点，在《2021—2022 中国人

工智能计算力发展评估报告》中的人工智慧城市排行榜中位居前三；杭州在增材制造领域技术研发处于全国前列；云栖小镇与航天五院合作布局空天信息产业链，国家民用无人驾驶航空试验基地（试验区）落户余杭；杭州医学人工智能、高端医疗器械、检测试剂等前沿产品在国内具有一定地位。

杭州已初步形成源头性技术创新布局框架体系。围绕重大战略领域和关键环节，杭州以打造城西科创大走廊创新策源地和创建综合性国家科学中心为抓手，国家实验室将实现零的突破。杭州城西科创大走廊区域分布着未来科技城、紫金港科技城、青山湖科技城等一批重大平台，拥有浙江大学、之江实验室、湖畔实验室等一批重大国家科技战略力量，已成为全省密度最高、增长最快、最具活力的人才高地。同时，汇聚了中电海康、平头哥等一批产业链领军企业，形成了覆盖基础层、技术层和应用层的完整产业链和应用生态。杭州现拥有省级实验室6家、省级技术创新中心2家、国家级重点实验室14家，形成了以城西科创大走廊为核心，省级实验室覆盖南北两翼的"七星伴月"格局。

全国首个未来产业研究中心将落户杭州，聚焦发展未来硬核科技。2021年，国家发展改革委正式批复同意浙江省依托西湖大学创建全国首个未来产业研究中心，重点聚焦未来医药、分子智造与功能、未来材料设计及创造领域，攻关复杂共性原理、基础科学问题和尖端前沿技术，构建"源头创新—技术研发—成果转化=公共服务"为一体的未来产业创新生态。杭州规划依托未来产业研究中心，把握前沿科技和未来产业发展趋势，前瞻布局具有爆发式增长潜力的数智科技、生命科技、未来科技三大硬核技术集群，重点聚焦六大颠覆性技术群，孵化培育20个产业新业态。围绕"基础研究、研发及产业化、新兴业态"布局，攻关战略性前沿，面向世界、引领未来发展；突破卡脖子技术和做强优势领域，服务全国发展；壮大已布局的关键领域，带动全省发展，推动"互联网+"、生命健康、新材料三大科创高地融合共生发展。打造具有全球竞争力的数智科技技术集群，重点发展新一代人工智能、集成电路及第三代半导体、未来通信和数据网络等技术群，着力打造世界级数字经济产业。培育具有全国特色优势的生命科技技术集群，建设国际一流生命健康产业。部署面向未来战略必争的量子科技、先进材料技术集群，前瞻布局重量级未来产业。

四、苏州

苏州未来产业规模稳步增长，基础设施逐步夯实。以人工智能产业为例，2021年，苏州人工智能相关产业规模近900亿元，近年来平均增速超20%，体系化竞争优势显现。已聚集人工智能相关企业超1000家，BAT（百度、阿里巴巴及腾讯）、华为、微软、科大讯飞、云从科技等龙头企业陆续来苏州布局发展，思必驰、初速度、科沃斯、智加科技等本土企业逐步成长为行业佼佼者，苏州人工智能已初步形成近千亿级产业集群，成为长三角区域人工智能产业发展的新引擎。全力打造"苏州制造""工业互联网看苏州"品牌，已建成5G基站2.7万个，覆盖率达80%；建成在用数据中心31家、超算中心3个，其中昆山超算中心为江苏省第二、全国第八个国家超算中心；推动工业制造领域企业"上云用平台"，完成江苏省星级上云3365家，汇集大量企业数据资源。目前，太仓长三角人工智能超算中心、昆山国金数据云计算数据中心等苏州重点项目正有序推进，将为苏州人工智能产业发展提供有力的基础支撑。

苏州前沿科技研发支撑持续提升，细分领域创新活跃。上海交通大学苏州人工智能研究院、中科院计算所苏州智能计算产业技术研究院等40多家高校及科研机构在苏设立人工智能专业和实验室，提供科研支撑；同时，成立沪苏人工智能（昆山）创新应用中心，华为、微软、西门子、科大讯飞等龙头企业相继在苏州设立人工智能应用创新平台，开展赋能试验。苏州人工智能企业较多集中在语音识别、机器视觉、自动驾驶、智能制造等领域。工业和信息化部"新一代人工智能产业创新重点任务揭榜项目"中康多机器人、极目机器获评揭榜单位，思必驰获评潜力单位；体素信息、思必驰获评工业和信息化部科技支撑抗击新冠肺炎疫情中表现突出人工智能企业；声智科技、创泽、荣旗科技、冰鉴科技、金融壹账通5家企业的项目成果获评"2021年度吴文俊人工智能科学技术奖"。

苏州将建设十大千亿级产业集群，打造十大优势产业链。苏州将立足现有的产业基础，大力培育生物医药和高端医疗器械、新型显示、光通信、软件和集成电路、高端装备制造、汽车及零部件、新能源、新材料、高端纺织、节能环保十大先进制造业集群。健全完善集群培育工作机制，主攻生物药、半导体和集成电路、软件和信息服务、智能网联汽车、智能制造装备、高端医疗器械、机器人、光通信、高端纺织、钢铁新材料十大重点产业链。

苏州重点区域面向未来产业布局特色发展。工业园区依托苏州人工智能产业园等专业载体，引育华为、微软、思必驰等一批人工智能领军企业，多项核心技术实现突破，细分领域独角兽逐步涌现，成为苏州人工智能发展的重要增长极。昆山市依托电子信息、机器人及智能装备等产业优势，推动人工智能与产业深度融合，提升智能制造能级。相城区聚力打造大数据（区块链）、工业互联网、智能车联网、数字金融、先进材料、生物医药"六大未来产业创新高地"，目前已集聚"六大未来产业"企业1230家。

第十三章 珠三角地区

第一节 整体发展情况

珠三角是我国新技术、新产业、新业态、新模式"四新经济"发展的样板地区。改革开放以来,珠三角把握国家扩大开放的历史机遇,紧密跟踪世界前沿科学技术,紧紧抓住全球产业转移和产业升级的有利时机,深度融入世界经济,取得全球瞩目的历史性成就。

未来产业已成为加快珠三角地区经济高质量发展的关键领域。目前,珠三角经济发展面临资源要素约束更紧、国际高科技技术和人才限制加大、国际国内竞争更加激烈等问题。要解决这些问题,立足新发展阶段、落实新发展理念、推动高质量发展是必然要求,前瞻性布局未来产业发展是关系到珠三角地区长期发展动力和竞争力的关键举措。

未来产业已被列入广东省产业高质量发展"十四五"规划。《广东省制造业高质量发展"十四五"规划》明确,"谋划发展未来产业"是"十四五"时期广东省制造业高质量发展的重点方向之一。将依托广东省领先全国的经济实力和多元化的社会发展需求,布局一批未来产业技术研究院,丰富未来产业应用场景,运用前沿技术推动全省产业跨界融合创新发展。

珠三角集聚了未来产业创新发展所需要的科技、人才等要素资源。近年来,通过加快广深港澳科技创新走廊建设,全面推进了粤港澳三地制造业创新合作,加快建设粤港澳大湾区国家技术创新中心,布局一批

具有全球影响力的重大科技基础设施，创建了一批国家级、省级产业创新平台。建设了散裂中子源、国家超算中心等一批国家级大科学装置，围绕生命信息与生物医药、网络空间科技、海洋科学技术等领域建设了10家省级实验室，推动在战略性产业、未来产业的若干重点领域实现全球同步乃至领先发展。此外，在"双区"建设重大机遇下，广东省具有联动港澳广纳全球创新资源、发挥广东省技术成果产业化高效转化的基础优势，具备发展未来产业的优越条件。

珠江三角洲未来产业前瞻布局迈出有力步伐。珠三角是我国前沿技术和产业最活跃的地区之一。早在2013年深圳市就发布了《深圳市未来产业发展政策》，成为我国最先提出发展未来产业的城市。目前，在优先发展壮大战略性新兴产业的基础上，广东省积极谋划培育卫星互联网、光通信与太赫兹、干细胞、超材料、天然气水合物、可控核聚变—人造太阳等若干未来产业领域，不断开创新的经济增长点，抢占未来发展战略制高点。

第二节 产业发展特点

未来产业发展的高科技人才基础雄厚。根据近期各地公布的2021年统计年鉴、2020年统计公报、公开数据等，珠三角是我国过去10年吸引人口最多的区域。近年来，珠三角地区面临着粤港澳大湾区和深圳先行示范区以及横琴、前海两个合作区等重大机遇，2021年9月召开的中央人才工作会议提出，要在粤港澳大湾区建设高水平人才高地。高科技人才方面，珠三角重大科技创新平台的聚才效应十分明显。例如，位于东莞的中国散裂中子源，汇聚了以中科院院士、粒子物理学家陈和生为代表的近500名科技人才和工程技术人员。广东省的国家和省重点实验室体系化布局逐步完善，吸引集聚海内外人才近万人，其中80%拥有博士、硕士学历和高级职称。同时，重大展会平台成为人才国际交流纽带。广州"海交会"、深圳"高交会"和"国际人才交流大会"等国家级高端人才交流合作平台的影响力、辐射力在不断提升，为海外人才来华和留学人员到珠三角发展铺路架桥。

未来产业发展的科技资源高度聚集。粤港澳大湾区的世界名校、世界500强企业、全球独角兽企业在全国的占比均超过15%,大湾区集聚了丰富的科研创新平台和高层次人才。从增速上来看,世界500强进一步增加,多所学校全球排名上升,大湾区未来产业发展已形成具有全球竞争力的科创基础。从每万人发明专利拥有量来看,深圳、珠海、广州、东莞、佛山等城市在我国同类城市中处于领先地位。从国家级高新技术企业的数量来看,珠三角城市在我国三大城市群中全面领跑。从规上工业企业设立的研发机构比例来看,珠三角的深圳、广州、东莞、佛山、惠州、江门的比例均超过40%,高于全国大多数城市。高度重视科研创新成为珠三角规上工业企业发展的共识。

未来产业创新发展的环境十分优越。早在2019年,广东省就成立了由省长担任组长的科技领导小组,并以当年政府"一号文"的形式,出台《关于进一步促进科技创新的若干政策措施》(简称"科创12条")。"科创12条"在全国率先提出一系列突破性政策措施,激发了科研人员的创新活力。例如,新型研发机构可自主审批下属创投公司最高3000万元的投资;允许使用财政资金为外籍人才购买商业养老和医疗保险等。粤港澳大湾区的设立进一步加快了科创资源的集聚和环境的改善。《粤港澳大湾区发展规划纲要》提出,要建设具有全球影响力的国际科技创新中心,建成全球科技创新高地和新兴产业重要策源地。大湾区建设了全国第四个综合性国家科学中心先行启动区。中央人才工作会议也提出在粤港澳大湾区建设高水平人才高地的目标定位。珠三角科技领先企业众多,科研产业结合强,人才资源丰富,具备丰富的科技创新发展土壤,在承接国家科技创新战略,建设重大科创平台,推动产业链和创新链深度融合,发挥企业创新主体作用等方面,取得了显著成效。

创新驱动的经济发展模式形成未来产业发展的强大动能。广东省2020年的有效发明专利量、PCT国际专利申请量保持全国首位;高新技术企业达5.3万家;主营业务收入5亿元以上的工业企业全部设立研发机构。广东省的区域创新综合能力全国领先。与此同时,珠三角经济增长对投资驱动的依赖较低,逐步形成了创新驱动的经济发展模式。根据国家和广东省统计年鉴,珠三角近5年来固定资产投资与GDP的比值处于32.9%~35.75%之间,平均值为35.29%;广东省的平均值为41.69%,全国的平均值为54.94%。珠三角固定资产投资占GDP的比值低于广东省和全国平均水平。此外，广东省研发经费支出占 GDP 的比例 2020 年达 2.9%，接近发达国家水平。根据 OECD（经济合作发展组织）的数据，2019 年韩国、德国、日本、美国的研发投入占比分别为：4.6%、3.2%、3.2%、3.1%。由此可见，研发投入占比超过 3%就达到了国际较高水平。珠三角多座城市的科研投入强度在全国名列前茅，媲美发达国家，研发投入占比超过 3%的城市就有 5 个。

第三节 重点城市

一、深圳

面向未来的现代产业体系初步构建。2021 年，深圳地区生产总值 30664.85 亿元，首度跨越 3 万亿元大关，同比增长 6.7%。七大战略性新兴产业是深圳产业布局体系的一大重要分支，具有其独特性，产业发展位于全国领先地位。七大战略性新兴产业包括新一代信息技术产业、生物医药、数字经济、高端装备制造、新材料、海洋经济、绿色低碳。2021 年，战略性新兴产业增加值占地区生产总值比重提升至 39.6%。深圳瞄准世界科技和产业发展前沿，系统谋划战略性新兴产业、未来产业发展规划和先进制造业园区空间规划，出台推动制造业高质量发展 28 条，建立 697 家骨干企业专项服务小组，提升现代产业发展能级。战略性新兴产业引领作用更加凸显。衔接国家、省规划部署，研究制订宽带通信与新型网络、半导体与集成电路、生物医药等产业行动计划，前瞻布局合成生物、量子信息、深地深海等未来产业，建立"六个一"工作体系。战略性新兴产业增加值 1.21 万亿元，软件与信息服务、新能源、智能网联汽车等细分产业增加值保持两位数增长，新一代信息通信、先进电池材料等 4 个集群入选国家先进制造业集群。制造业竞争力稳步增强。工业增加值突破 1 万亿元、增长 5%，工业投资 1372 亿元、增长 27.1%。新增规上工业企业 1769 家，新增国家级专精特新"小巨人"企业 134 家、国家制造业单项冠军企业 19 家。中国电子集团总部落户深圳。荣耀 3C 产品线等建成投产，华星光电 T7 项目一期达产，中芯国际芯片生产线扩产等项目加快推进，比亚迪深汕汽车工业园、重投天科

第三代半导体等开工建设。科学研究和技术服务业营业收入增长14%。新增6家国家级工业设计中心，深圳获评全国工业设计示范城市。

创新驱动的发展模式、发展基础和要素禀赋卓越。深圳是珠三角各大城市的"创新标杆"。过去10年，深圳高新产业快速发展，新兴产业发展集聚了大量人口。根据第七次全国人口普查数据，深圳10年来的人口增量达到了713.65万人。2021年，深圳新引进人才120万人，新当选两院院士4人，新增全职院士20人、总数达74人。新引进高层次人才4500人，31人入选全球"高被引科学家"名单。研究与试验发展人员全时当量达34.6万人年，居全国城市首位。PCT国际专利申请量稳居全国城市首位。深圳获评国家科学技术奖13项、中国专利金奖5项。深圳拥有国家级高新技术企业2.1万家，仅次于北京（2.9万家）排名第二。在研发经费投入占地区生产总值比重、研发人员全时当量、每万人发明专利拥有量等6项指标中，深圳领跑珠三角城市，排名全国前列。全社会研发投入占地区生产总值比重达5.46%。深圳占比高居全国第二。深圳的研发人员全时当量超过30万人。每万人发明专利拥有量深圳为119件，仅次于北京（156件）排名全国第二。2021年，综合性国家科学中心、鹏城实验室的建设取得新进展；深圳湾实验室、人工智能与数字经济实验室的建设扎实推进；光明科学城、西丽湖国际科教城、河套深港科技创新合作区等建设进展顺利，脑解析与脑模拟等科技基础设施完成主体建设，深港澳芯片联合研究院等27个科研项目落户河套。关键核心技术攻关深入开展。国家高性能医疗器械创新中心投入运营，国家第三代半导体技术创新中心、国家5G中高频器件创新中心获批建设。166个关键核心技术攻关项目稳步实施，半导体检测、数控机床等领域技术攻关取得新进展。国内发明专利授权量增长45%。科技成果产业化积极推进。出台促进科技成果产业化38条，试行赋予科研人员职务科技成果所有权或长期使用权。完善国家高新区管理体制机制。建成工程生物产业创新中心等中小试验基地。新增4家国家级科技企业孵化器。全市技术合同交易额增长57%。科技金融深度融合。科技型企业贷款余额增长39.4%。新增风投创投机构46家，天使母基金累计投资初创项目504个。专利质押登记金额115亿元、增长18.6%。新发行知识产权证券化产品金额55亿元，融资规模居全国城市首位。创

新人才加速汇聚。首届西丽湖论坛等活动成功举办。深圳正加快成为全球优秀科学家和创新人才的向往之地。

围绕量子、深海等五大领域前瞻筹划未来产业布局。深圳未来产业政策规划全国最早也最全面。早在 2013 年深圳就发布了《深圳市未来产业发展政策》，积极培育和发展生命健康、海洋、航空航天等未来产业，成为我国最先提出发展未来产业的城市。根据《深圳市国民经济和社会发展第十四个五年规划和二〇三五年远景目标纲要》，深圳将打造"4+7+5"的产业布局体系。其中，"5"指的是 6G、量子科技、深海产业、深空产业、氢能产业五大未来产业。2022 年 2 月发布的《深圳国家高新区"十四五"发展规划》提出，以高新区为主阵地，着力发展壮大"20+8"战略性新兴产业和未来产业集群，打造更具卓越竞争力和影响力的产业集群高地，为深圳打造具有国际竞争力、以先进制造业为主体的现代产业体系奠定强有力基础。为推动智能机器人、新材料等未来产业集群的高质量发展，深圳市工信局先后发布了《深圳市关于推动工业母机、智能机器人、激光与增材制造、精密仪器设备四个产业集群高质量发展的若干措施（征求意见稿）》《深圳市关于推动新材料产业集群高质量发展的若干措施（征求意见稿）》等文件，助推相关产业集群迈向全球价值链高端。在战略性新兴产业布局上，深圳提出"三轴并进、区域辐射、全球联动"的产业布局战略。"三轴并进"指的是东中西三条发展轴，即东部方面的"培育东部产业新增长轴"，中部方面的"构建中部产业发展提升轴"，西部方面的"打造西部产业创新引领轴"。深圳积极打造全球新技术新产品率先应用推广高地，开展新经济市场准入和监管体制机制改革试点，定期编制新技术新产品应用推广目录，支持新技术新产品研发与应用示范，探索新技术新产品分阶段分类管理模式。

二、广州

战略新兴产业、先进制造业集群跃上新台阶。2021 年，广州地区生产总值达到 2.82 万亿元，同比增长 8.1%，5 年年均增长 6.1%。产业升级步伐加快。形成 6 个产值超千亿元的先进制造业集群，战略性新兴产业增加值占地区生产总值比重突破 30%。获批建设国家绿色金融改革创新试验区，广州碳排放交易中心碳配额现货交易量全国第一。广州期货交易所揭牌运营，实现国家级金融基础设施历史性突破。

国家战略科技力量布局实现重大突破。广州实验室、粤港澳大湾区国家技术创新中心挂牌运作，人类细胞谱系、冷泉生态系统列入国家专项规划。国家级、省级重点实验室分别增至21家和256家。在穗工作院士达到122人。创新生态环境明显优化。科技信贷风险补偿资金池撬动银行发放企业贷款累计470亿元。研发投入占GDP比重预计达3.15%，5年提高0.81个百分点。成功创建首批国家知识产权强市，专利、发明专利授权量比2016年增长2.8倍和2.1倍。科技成果转移转化提速。高新技术企业突破1.2万家，比2016年增长1.6倍。华南技术转移中心上线"华转网"，与港澳线上平台实现互联互通。技术合同成交额2400亿元，是2016年的8倍。累计获国家级科技奖励91项，钟南山呼吸疾病防控创新团队获2020年度国家科技进步奖创新团队奖。

围绕太赫兹、纳米科技等五大领域前瞻布局未来产业。广州坚持产业第一、制造业立市，推进数字产业化和产业数字化，构建现代产业体系。未来5年，广州将做强新一代信息技术、智能与新能源汽车、生物医药与健康三大新兴支柱产业。壮大智能装备与机器人、轨道交通、新能源与节能环保、新材料与精细化工、数字创意五大新兴优势产业。前瞻布局量子科技、区块链、太赫兹、纳米科技、天然气水合物等未来产业。加快汽车、电子、石化等传统优势制造业智能化、高端化、绿色化发展。支持纺织服装、美妆日化、皮具箱包、珠宝首饰、家居建材等优势传统产业数字化改造。增强三大国家级、四大省级工业园区产业承载力综合竞争力，打造自主可控、具有国际竞争力的高端高质量产业集群。

第十四章

成渝地区

第一节 整体发展情况[①]

"双圈"经济总量占全国6.5%。2022年3月，四川省统计局发布的数据显示，2021年，成渝地区双城经济圈实现地区生产总值（GDP）73919.2亿元，比上年增长8.5%，经济增速较上年提高4.5个百分点，总体呈现稳中加固、稳中提质、稳中向好的发展态势。其中，四川部分48060.2亿元、增长8.5%，重庆部分25859亿元、增长8.5%，增速均高于四川和重市平均水平，引领带动作用进一步增强。经济增速从一季度比全国低1.2个百分点、上半年与全国差距缩小到0.1个百分点、前三季度追平全国，到全年实现赶超，比全国高0.4个百分点。

产业结构持续优化。统计数据显示，从工业看，2021年成渝地区双城经济圈工业增加值达到21272.4亿元、增长10%，增速比全国高0.4个百分点；工业化率为28.8%，比上年提高了0.8个百分点；制造业高质量发展成效初显，制造业增加值占GDP比重为24.8%，比上年提高了0.7个百分点；工业企业质量效益稳步提升，规上工业企业实现利润总额5589.6亿元、增长35.8%。从服务业看，服务业增加值达39465.5亿元、增长9.3%，增速比全国高1.1个百分点；现代服务业加快发展，信息传输、软件和信息技术服务业增加值，租赁和商务服务业增加值分

[①] 成渝双城经济圈建设成势见效，刘敏，《金融投资报》，2022-03-29。

别增长21.9%、10.8%；受新冠肺炎疫情影响较大的行业恢复发展，住宿和餐饮业、批发和零售业增加值分别增长17.1%、12.4%。从投资看，成渝地区双城经济圈与京津冀、长三角、粤港澳大湾区并列为国家综合立体交通网主骨架的"4个极"，"成渝地区双城经济圈交通一体化发展"交通强国试点获批建设，天府国际机场建成投入运营，成渝中线高铁启动建设，川渝省际高速公路通道达13条、在建6条，累计建设5G基站超11.2万个；2021年成渝地区双城经济圈民间投资增长9.9%。从消费看，成渝地区双城经济圈加快推进富有巴蜀特色的国际消费目的地建设，着力营造高品质消费空间，加快培育消费中心城市和一批知名商圈。2021年社会消费品零售总额达到34553.6亿元、增长17.0%，增速比全国高4.5个百分点。从外贸看，全年中欧班列（成渝）共计开行超4800列，开行量占全国比例超过30%；进出口实现快速增长，全年进出口总额达到17374.5亿元、增长19.7%，其中进口额和出口额分别增长22.8%和15.1%。

企业培育及创新实现新突破[①]。根据相关统计数据，川渝两地上市公司2021年发展成绩亮眼，合计实现营业收入（营收）17792.02亿元，较上年末增长19.97%；合计实现净利润1284.7亿元，与去年同期的1191.08亿元相比，增长7.86%。其中，四川161家A股上市公司贡献营收9586.63亿元，净利润779.74亿元；重庆66家A股上市公司实现营收8205.39亿元，取得净利润504.96亿元。川渝两地A股上市公司有184家实现营收增长，其中ST华塑、北清环能、天齐锂业、雷电微力、巨星农牧、爱乐达、声光电科、欢瑞世纪、顺博合金和智飞生物10家公司实现营收翻倍。33家公司营收突破百亿元，更有新希望、金科股份、长安汽车3家公司营收超过千亿元。与此同时，2021年川渝地区上市公司继续加大科研投入，超过60%企业研发投入保持正增长。通过对198家披露研发数据公司所属行业进一步梳理发现，在医药生物、化工、汽车、电力设备等产业高端化与绿色化转型的重点领域，以科技创新助力企业转型，上市公司研发费用增速较高。

---

① 营收增长近两成 研发投入在加码，田姣、彭玛珩，《四川日报》，2022-05-12。

第二节　产业发展特点

合作推进一批重大科技协同创新服务综合体建设。2021年，国家数字经济创新发展试验区加快建设，成渝综合性科学中心启动建设，光电与集成电路天府实验室成功组建，成都超算中心、中新（重庆）国际超算中心纳入国家超算中心体系。以"一城多园"模式共建西部科学城，国家川藏铁路技术创新中心、天府实验室揭牌运行，国家生猪技术创新中心获批建设。深入实施川渝科技创新合作发展计划，积极推动"一带一路"科技创新合作区和国际技术转移中心建设，联合举行科技创新中心2021年重大项目集中开工活动，开工重大项目40个、总投资1054.5亿元。

纵深推进高技术产业及经济圈示范区建设。2021年成渝地区双城经济圈规上工业高技术产业营业收入达到25052.9亿元，比上年增长19.5%；新业态新商业模式蓬勃发展，限上企业通过互联网实现的商品零售额增长24.2%，高技术产业快速发展。与此同时成渝地区双城经济圈区域协同共兴稳步推进，万达开川渝统筹发展示范区、川南渝西融合发展试验区、川渝高竹新区等国家级和省级"2+8"合作平台建设成效初显。生态环境联防联控扎实推进，协同开展嘉陵江流域生态环境保护条例立法，川渝两省市累计创建国家生态文明建设示范区县19个；加强污染跨界协同治理，持续开展蓝天保卫战联动帮扶；建立长江流域川渝横向生态补偿机制，设立川渝流域保护治理资金。

聚焦科技创新能力建设的顶层设计体系逐步优化。2011年5月，《成渝经济区区域规划》经国务院批复后正式印发，这是首份关于"成渝经济区"的国家级规划文件；2020年1月，中央财经委员会第六次会议召开，首次提出"推动成渝地区双城经济圈建设"，提出使成渝地区成为具有全国影响力的重要经济中心、科技创新中心、改革开放新高地、高品质生活宜居地。从2011年提出的"成渝经济区"到2016年的"成渝城市群"，再到2020年的"成渝地区双城经济圈"，政府赋予成渝地区越来越大的时代使命和责任担当，同时对重庆、成都两大中心城市的发展能级、国际竞争力和区域带动力提出更高的要求，重庆都市圈、成都都市圈的建设成为构建成渝地区双城经济圈发展新格局的重要举措和抓手。2020年10月16日，中共中央政治局召开会议，审议《成渝地区双城经济圈建设规划纲要》；2021年10月20日，《成渝地区双城经济圈建设规划纲要》正式发布，明确指出"共建具有全国影响力的科技创新中心"，将创新驱动发展战略摆在更高的层面来进行。未来一段时间，共建双城经济圈将全面增强协同创新能力，瞄准突破共性关键技术尤其是"卡脖子"技术，持续支持科技创新龙头企业和"专精特新"企业，为构建现代产业体系提供科技支撑。

第三节 重点城市

一、成都[①]

成都围绕未来重大科技载体竞争力显著增强。2021年地区生产总值达1.99万亿元、增长8.6%，常住人口超过2000万，跻身超大城市行列，天府国际机场建成投运，成为全国第三个拥有"双国际机场"的城市。本土世界500强企业实现零的突破，在蓉世界500强企业增至312家，17项事关成都长远发展的重大事项被纳入国家"十四五"规划纲要，成都在国家战略全局和全省发展大局中的位势能级加快提升。同时主动服务科技自立自强，创新发展动能更加强劲。西部（成都）科学城、天府兴隆湖实验室、天府永兴实验室正式挂牌，国家川藏铁路技术创新中心开工建设，成都超算中心进入国家序列。22项科研成果获国家科学技术奖，新增两院院士3人，国家级创新平台增至215个，全球创新指数排名第39位，科技创新的支撑引领能力逐步增强。

未来将推动数字经济"6个核心产业+7个新兴优势产业+6个未来赛道"协同发展。一是大力攻坚6个数字经济核心产业，包括集成电路、新型显示、智能终端、软件和信息服务、人工智能、新一代信息网络。二是突出发展7个新兴优势产业，包括无人机、机器人、智能网联汽车、

---

① 成都市人民政府公报。

新型数字化食品、数字医药健康、数字文创、金融科技。三是前瞻布局6个数字经济未来赛道，包括量子科技、光刻设备、6G通信、脑科学、XR扩展现实、隐私计算，构建形成核心产业引领、新兴优势产业成势、未来赛道启航的数字经济产业发展体系，全面提升数字产业竞争力。

二、重庆[①]

重大科技创新载体建设扎实推进，全面优化创新平台体系。西部（重庆）科学城建设提速，超瞬态实验装置、中科院重庆科学中心等科研平台加快建设，北京大学重庆大数据研究院、重庆医科大学国际体外诊断研究院等研发机构建成投用；两江协同创新区新引进科研院所10家，集聚院士团队14个，分布式雷达验证试验场启动建设，西北工业大学重庆科创中心投入运营；广阳湾智创生态城启动建设长江模拟器、野外科学观测站；15个高新区引进重大科技产业项目474个、总投资2604亿元。壮大创新主体。新增2所高校，新引进研发机构16家、累计达到104家，新增4个国家级工业设计中心，联合微电子中心获批成为国家级制造业创新中心，重庆市畜牧科学院获批建设国家生猪技术创新中心，国家级专精特新"小巨人"企业、高新技术企业、科技型企业分别达到118家、5108家、3.69万家，有研发机构的规上工业企业占比预计达到30%。优化创新生态。获批建设全面创新改革试验区，编制科技进步路线图，制订实施基础研究行动计划，组建科技创新投资集团，推出"科技成果转化24条"，累计启动10个环大学创新生态圈建设，获批设立国家海外人才离岸创新创业基地和中国重庆数字经济人才市场，新引进急需紧缺人才超过5万名，知识价值信用贷款和商业价值信用贷款累计分别达到223.5亿元、81亿元，科技企业融资近4000亿元，预计全社会研发经费支出占比达到2.21%，科技进步贡献率达到59.5%。

聚焦卫星互联网、氢能与储能、生物育种与生物制造、脑科学与类脑智能四大领域，前瞻性布局面向未来的先导性产业。在卫星互联网方面抢占未来制高点，充分发挥两江新区航空航天产业基础雄厚、科研能

---

① 重庆市人民政府工作报告。

力较强的优势，争取举办相关国际学术论坛或峰会，力争取得一批具有自主知识产权的相关技术和标准，吸引更多的国际国内高端人才、企业，布局当下、抢占未来。在氢能与储能方面提升未来竞争力，依托制氢原料产能充沛、技术条件较好等优势，进一步科学布局氢能产业链和创新链，以两江新区、重庆高新区、九龙坡等为重点，引入标杆性项目，培育氢能产业领域的"链主"企业和骨干企业，打造具有全国影响力的氢能产业集群，这是重庆在新一轮城市竞争中抢占先机的一个重要方向。在生物育种与生物制方面造打造未来产业，重点解决"卡脖子"技术，即工业酶制剂和菌种，形成核心技术平台，解决产业升级换代。聚焦医药、农产品、乳制品领域的核心菌种等发展重点，谋划建设人体微生态研究及产业转化种子资源库、药用微生物菌种、兽医微生物菌种等保藏管理中心；加强基因组化学合成、生物体系设计再造、人工生物调控等合成生物技术研发，培育合成生物产业链等。在脑科学和类脑智能方面探索人工智能的未来，依托陆军军医大学、西南大学等优势科研单位，整合科研力量，建成高水平的脑科学新技术研用平台，聚集国际高端人才，打造国际脑科学创新中心等。同时加强川渝协作，在基础脑科学与类脑智能两方面互补性发力，奠定在全国甚至全球的"地位"，增强竞争力，扩大影响力。

第十五章

长江中游城市群

第一节 整体发展情况

　　长江中游城市群是最具增长性区域之一。长江中游城市群地跨湖北、湖南、江西三省，承东启西、连南接北，是推动长江经济带发展、促进中部地区崛起、巩固"两横三纵"城镇化战略格局的重点区域，在我国经济社会发展格局中具有重要地位。长江中游城市群是我国面积最大的城市群，2020年长江中游城市群以整体GDP 9.3万亿元在第一梯队5个主要城市群中排名第三位，也是我国第一梯队城市群中覆盖城市数量最多的城市群。2020年长江中游城市群人均GDP 7.4万元，虽与京津冀、长三角、粤港澳三大世界级城市群仍存在差距，但在2019年中国各省及直辖市GDP排名中，长江中游城市群范围内的湖南和湖北均位居前十，增速高于其他城市群核心省市，是目前五大城市群内经济增长最快的区域，可以预见长江中游城市群将是接下来中国经济发展最具增长性的区域之一。

　　实现更高水平协同发展、发挥更大支撑带动作用。2015年国家发展改革委印发《长江中游城市群发展规划》以来，城市群空间格局逐步优化，武汉、长沙、南昌等中心城市综合实力和发展能级不断提升，辐射带动周边发展能力有所增强；综合立体交通网基本形成，建成以三个省会城市为中心的"三角形、放射状"城际交通网络，铁路网总规模突破1万千米；产业和创新基础不断夯实，形成装备制造、汽车制造、电

子信息、航空航天等优势产业集群,"双一流"高校、高水平研发平台、重点实验室及各类创新载体创新能力持续增强。总体上看,长江中游城市群发展动能持续增强,综合实力显著提升,具备了实现更高水平协同发展、发挥更大支撑带动作用的基础。

第二节 产业发展特点

"十四五"迎来发展新阶段,面临积极培育战略性新兴产业的共同任务。2022年3月,国务院批复《长江中游城市群发展"十四五"实施方案》(以下简称《方案》),长江中游城市群迎来发展新阶段。《方案》指出,联手打造先进制造业集群,加快打造航空航天、生物医药、新材料等新兴产业集群。前瞻布局量子信息、类脑智能等一批先导产业,抢占未来发展先机。近些年,鄂、湘、赣三省GDP增速常常超越东部地区,具有后发赶超的强劲态势,成为支撑中国经济增长的重点地区。长江中游城市群一体化发展初驶快车道,加快构建和完善一体化机制体系迫在眉睫。目前以三个省会城市为核心的都市圈各自发展,圈内城市联系强度较高,但城市群之间的联系密切度有待提高。当务之急是构建和完善区域协同发展机制,搭建多类型、多层次区域合作平台,建立战略联盟,实现区域内部各地区的优势互补、合作共赢。三省同处于基于传统资源禀赋的传统重化工产业结构的转型中,当前面临提升整体自主创新能力,积极培育战略性新兴产业的共同任务。长江中游城市群要在先进制造领域完成国家使命,需要在"十四五"及更长时期,抢抓机会窗口,瞄准世界级和国家级标志集群,创新以链长制为代表的地方主导型政策,破解先进制造业做大做强的痛点、难点问题,塑造先进制造业核心竞争力。

坚持优势互补、区域协同、创新引领、改革驱动。这是长江中游城市群协同发展的核心要义。长江中游城市群山水相连、人文相亲,经贸往来密切,基础设施、产业、市场等重点领域合作不断深化,呈现出联动发展的良好态势。要树立系统观念,坚持"一盘棋"思想,充分发挥三省各自比较优势,加强城市间合作,强化政策统筹、一体推进,形成分工合理、功能互补、协调联动的发展格局,显著提升区域整体竞争力。

创新引领、改革驱动。这是长江中游城市群实现高质量发展的不竭动力。长江中游城市群创新资源较为丰富，改革基础较好，开放格局逐步优化，但与东部发达地区相比，在科技创新能力和改革开放水平等方面还有不小的差距，需发挥科技创新的引领作用，强化改革的先导和突破作用，破除制约一体化发展的体制机制障碍，为高质量发展持续提供动力和活力。

第三节　重点城市

一、武汉

2021年武汉科技创新支撑能力大力增强。实施科技创新十大行动，具有全国影响力的科技创新中心"四梁八柱"加快构建。加强前沿创新布局，东湖科学城建设全面启动，7个湖北实验室实体化运营，3个重大科技基础设施和2个国家重点实验室成功获批，建成国家级人类遗传资源库，成立武汉产业创新发展研究院和武汉量子技术研究院，湖北东湖综合性国家科学中心创建开局良好。加快科技成果转化，组织94场对接活动，技术合同成交额突破1100亿元，建设中国工程院院士专家成果湖北展示与转化中心，获批汉襄宜国家科技成果转移转化示范区。培育壮大科技企业，净增高新技术企业2200家以上，新增瞪羚企业758家，高新技术产业增加值占比提高到26%左右。持续优化创新生态，建立科技攻关"揭榜挂帅"机制，建设东湖科技保险创新示范区，规划建设创新街区、创新园区、创新楼宇63个，留守武汉就业创业大学毕业生34.5万人。大力推进产业转型升级，中航锂电、正威金属新材料等项目落户，推进数字经济"573"工程，首家人工智能计算中心投入运营。

武汉将在新兴产业上占据主动，在未来产业上把握先机，加快推动产业高质量发展。大力实施战略性新兴产业倍增计划，提升数字经济发展水平。加快建设数字武汉，努力打造全国数字经济一线城市、新型智慧城市。加快布局数字新基建，推进IPv6规模部署和应用，建设数字资产评估交易中心，建成武汉智能网联汽车测试场，新建工业互联网平台5个以上，建成数据中心机架4万个。加快壮大数字产业，推动元宇

宙、大数据、5G、云计算、区块链、地理空间信息、量子科技等与实体经济融合，建设国家新一代人工智能创新发展试验区，打造小米科技园等5个数字经济产业园。加快构建数字治理体系，统筹建设"城市大脑"，持续打造数字经济应用场景，探索城市全场景数字应用。深度整合市级信息平台，扩大数据开放共享，推进政务服务"一网通办"、城市运行"一网统管"。

重点布局未来产业。根据《武汉市国民经济和社会发展第十四个五年规划和2035年远景目标纲要》，武汉"十四五"规划期间加强前沿探索和前瞻布局，推进未来产业孵化与加速，布局一批未来产业技术研究院、未来技术实验室，打造未来技术人才培养基地，促进核心共性技术、前沿引领技术、现代工程技术、颠覆性技术的研发、转化和应用。武汉将重点布局电磁能、量子科技、超级计算、脑科学和类脑科学、深地深海深空五大未来产业。其中，电磁能主要聚焦电磁装备制造、高端舰船制造、高速轨道交通等，打造世界一流的电磁能产业；量子科技主要聚焦量子导航、量子通信基础应用网络、量子通信装备研制、量子计算等，打造国内量子技术及产业发展新高地；超级计算主要聚焦高性能计算、云计算等，积极布局超算产业链，提升海量数据存储、数据挖掘、数据交易、信息管理分析能力，建设以云计算平台和云服务为关键支撑的数字生态，打造"科技算盘"，建设"算力城市"；脑科学和类脑科学主要聚焦脑重大疾病诊治、类脑计算与脑机智能等，积极开展脑科学与类脑研究，推动脑科学与人工智能有效结合，成为"中国脑计划"的领军者；深地深海深空主要聚焦地球深部勘探开发、深海装备和传感网络开发、深空对地探测等，形成"三深"运载探测装备系列化和配套能力，增强作业支持能力和资源开发能力，带动"三深"技术与装备的自主产业发展。

以东湖高新区为未来产业核心布局区域。武汉规划的五大未来产业主要在东湖高新区、洪山区、青山区、新洲区和东西湖区进行产业布局，其中，东湖高新区是武汉未来产业布局的核心区域，是电磁能、量子科技、超级计算、脑科学和类脑科学等未来产业核心布局区域。洪山区则重点发展脑科学和类脑科学、深地深海深空；青山区重点发展深地深海深空；东西湖区重点发展量子科技；新洲区重点发展深地深海深空。

二、长沙

2021年长沙加快建设国家重要先进制造业高地。"1+2+N"优势产业集群持续壮大，24个标志性重点项目整体超额完成年度投资，三一智能网联重卡、比亚迪动力电池一期、楚天科技中央工厂、永杉锂业、格力冰洗、荷兰夸特纳斯、福田长沙超卡等项目建成投产，中联智慧产业城、山河工业城三期、雅士林等项目加快建设，湖南大数据交易所试运营。加快建设具有核心竞争力的科技创新高地，获批国家新一代人工智能创新发展试验区、国家耐盐碱水稻技术创新中心、国家文化和科技融合示范基地，实现国家技术创新中心零的突破；与北京大学、清华大学、同济大学等高校签署全面合作协议，校地合作深入开展；明和光电获评国家文化和科技融合示范基地；技术合同成交额达520亿元。

长沙将在推动科技创新上实现新突破。推进"十个重大科技创新标志性项目"，加快打造国家科技创新中心。培育战略科技力量。以岳麓山种业创新中心为依托，按照国家实验室标准建设岳麓山实验室。全力争取大科学装置落户长沙，加快推进大飞机地面动力学实验平台、极端环境电能变换装置等重大科技基础设施建设。启动特种工程装备、干细胞等新型研发机构建设，创建战略性稀有金属矿产资源高效开发与精深加工国家技术创新中心、先进运载技术创新中心。加快湘江西岸科创走廊、三一科学城建设，推进湖南先进技术研究院、"航天之星"创新研究院、中南大学研发总部院士项目转化基地建设。壮大创新创造主体。强化企业创新主体地位，实施高新技术企业扩量提质"量质双升"行动，支持企业组建"创新联合体"，培育更多科技领军企业和科技型中小企业。

"十四五"时期，长沙将以新兴产业为引领，巩固提升优势产业、大力发展特色产业，前瞻布局未来产业，抢占产业发展制高点。持续深耕22条产业链，加快构建优势突出、特色鲜明的"1+2+N"优势产业集群，新增2~3个制造业千亿产业集群。在新兴产业方面，将加快发展先进计算、航空（大飞机）配套、功率半导体和集成电路、人工智能、新兴软件和信息通信技术、生物医药和高端医疗设备、新兴装备制造、现代种业等具有较大发展潜力的产业。在优势产业方面，将巩固发展工

程机械、先进储能材料、显示功能器件、节能环保及新能源装备、食品烟草等产业。在特色产业方面，将重点培育发展新一代自主安全计算系统、新能源及智能网联汽车、智能终端、新型合金、数控机床等产业。在未来产业方面，将在未来信息技术、生命科学、前沿新材料、氢能及储能等领域，抢占产业发展先机和战略制高点。深入实施"上云用数赋智"行动，大力发展先进计算产业，争创国家数字经济创新发展试验区、国家大数据综合试验区，实现数字经济占GDP比重超过45%。着力增强创新驱动发展动力，全面推进"协同创新四大板块"、国家创新型城市、"科创中国"试点城市建设。

三、南昌

数字经济成效显著，工业经济量质双升。南昌"两区六园多点"的数字产业布局初步形成。VR（虚拟现实）、物联网、大数据、云计算、人工智能加快发展，华为、腾讯、海康威视、软通动力等一批数字经济龙头企业和项目纷纷落地。全国首个国家级职业教育虚拟仿真示范实训基地投入运营。高新区5G+VR特色产业园获评江西省首批5G产业基地。工业互联网标识解析二级节点平台投入使用。全市已开通5G基站12350个，重点场所5G网络通达率100%，成功获评全国首批千兆城市。江铃小蓝富山新能源汽车生产基地项目全面投产，欣旺达南昌动力电池生产基地、华勤千亿产业基地、济民新药研发生产基地、华润微电子、美晨手机生产基地、东方雨虹（江西）生产基地、同兴达精密光电摄像头模组等"5020"项目加快建设。累计培育国家专精特新"小巨人"企业17家，省级专精特新中小企业137家、省级专业化"小巨人"企业21家、省级制造业单项冠军企业12家。

加速发展战略性新兴产业和未来产业。切实用好世界VR产业大会成果，推进华勤电子千亿产业园建设，加快培育移动智能终端产业集群，加快壮大半导体照明产业集群，推动电子信息产业扩量提质；推动中国商飞江西生产制造中心提档升级，推进南昌飞行器交易中心等项目建设，培育壮大航空物流、航空维修、航空研发等航空服务业；提升新能源汽车产品竞争力，扩大新能源汽车出口，加强公共领域新能源汽车推广应用，推动智能网联汽车感知系统、电子集成控制装置等零部件体系建设；以中国（南昌）中医药科创城江中药谷核心区建设为抓手，推动生物医药产业向价值链中高端转型。加快发展 VR、5G、人工智能等未来产业，唱响"世界级 VR 中心"城市品牌，加快创建国家级 VR 制造业创新中心。深入推进 5G 网络等新型基础设施建设，扎实推进"5G+智慧工厂"项目建设，推动主导产业数字化升级和智能化改造。

"十四五"时期，南昌将实施产业基础再造及产业链提升行动，大力发展国际性战略新兴产业集群。坚持防风险与促提升相统一、补短板与锻长板相结合，以电子信息、航空装备、汽车和新能源汽车、生物医药、VR、5G 等产业为重点，加大工业软件、微机电系统（MEMS）等关键领域基础部件强弱项、补短板力度，深入实施产业链"链长制"，全链条防范产业链供应链风险，全方位推进产业基础再造和产业链提升。在电子信息产业集群方面，聚焦电子信息制造、信息技术服务与软件业等，以龙头企业培育和引进为动力，以产业大环境塑造为支撑，持续增强产业技术创新能力，做大产业规模，做强产业整体实力和竞争力。重点打造 VR、移动智能终端、LED 和 5G 产业链。在生命健康产业集群方面，面向重大疾病治疗和疫情防控，聚焦生物产业、医药、生命健康制造和医疗器械等，以做优存量和做大增量为主线，加强产业化项目和技术的同步引进，快速提升产业整体规模，推进"医、药、养"融合发展，形成一批带动性强的重磅产品和服务，创新发展生命健康产业。重点打造中医药、生物制药和医疗器械产业链。在高端装备产业集群方面，发挥数字科技优势，聚焦智能装备制造、高端机床与机器人等重点领域，着力突破核心技术和关键部件，推动装备制造业数字化、服务化转型，输出未来工厂建设解决方案，提升高端装备产业综合实力，重点打造汽车和新能源汽车链和航空产业链。

园区篇

第十六章

中关村国家自主创新示范区

第一节 园区概况

中关村国家自主创新示范区（简称"中关村示范区"）起源于20世纪80年代初的"中关村电子一条街"，是中国第一个国家级高新技术产业开发区、第一个国家自主创新示范区、第一个国家级人才特区，也是京津石高新技术产业带的核心园区，拥有以北京大学、中国人民大学、清华大学为代表的高等院校近41所，以中国科学院、中国工程院所属院所为代表的国家（市）科研院所206家；拥有国家重点实验室67个，国家工程研究中心27个，国家工程技术研究中心28个；大学科技园26家，留学人员创业园34家，医疗器械高新技术企业372家。

中关村示范区现已形成一区十六园的发展格局。海淀园、丰台园、昌平园、亦庄科技园、电子城科技园、德胜科技园、雍和园七园内各类高新技术企业万余家，其中既有联想、方正等国内知名的公司，还有诺基亚、惠普、IBM、微软为代表的1600余家外资企业，跨国公司在园区设立的分支机构已达到112家，其中包括研发机构41家。海淀园的主要功能是高新技术成果的研发、辐射、孵化和商贸中心，其他六园主要功能是高新技术产业的发展基地。

原始创新和前沿创新能力快速提升，产业发展呈现高增长与高质量。2020年，中关村示范区企业研究开发费用3785.4亿元，企业有效发明专利拥有量突破14万件，年度获得专利授权7.2万件；累计主导

创制的国际标准数达到 505 项，首次推出中关村标准 42 项。诞生了国内首款通用 CPU、国际领先的人工智能芯片、全球首个 FPD-EDA 全流程解决方案、新冠肺炎灭活疫苗等一批重大创新成果。形成新一代信息技术、生物健康、智能制造与新材料、生态环境与新能源、现代交通、现代服务业六大新兴产业集群，涌现出金融科技、无人驾驶、智慧物流、新零售等跨界融合新业态。

高成长市场主体培育领跑全国，辐射带动与开放创新水平加速提升。截至 2020 年年底，中关村示范区独角兽企业约 90 家，占全国的 40%以上；高新技术企业 2.7 万家，国家高新技术企业占国家高新区总数的 25%以上；上市企业、新三板挂牌企业分别达到 406 家、1073 家；本土《财富》世界 500 强企业 9 家，领军企业国际影响力日益增强。中关村示范区企业充分发挥创新优势，在新冠肺炎病毒快速检测、抗体与疫苗研发、治疗药物研发、无接触诊疗等方面做出了重要贡献。截至 2020 年年底，中关村示范区企业累计在津冀设立 8800 多家分支机构。与全国 26 个省区市 77 个地区（单位）建立战略合作关系，合作共建 27 个科技成果产业化基地。国际创新合作持续深入，累计设立 19 个海外联络处，上市公司在境外设立分支机构近千家，聚集 300 多家跨国企业地区总部和研发中心、5 万多名留学归国人员和外籍从业人员。

第二节　重点产业布局

推进新一代信息技术产业、生物技术与健康产业两大主导产业引领发展。中关村示范区推动以人工智能、集成电路为引擎的新一代信息技术产业创新发展，支持大数据、云计算、5G、物联网、区块链、VR、信息安全等细分领域加快发展，加强新一代信息技术与实体经济融合发展。在海淀园、朝阳园、石景山园、亦庄园等园区建设一批产业载体，形成具有技术主导权的新一代信息技术产业集群。推动消费互联网领域向产业互联网领域拓展，引导新一代信息技术与传统制造业深度融合。做优做强以创新药品、新型疫苗、高端医疗器械、精准医疗为重点的生物技术与健康产业，组建生物医药产业服务平台和医疗器械产业服务平台，提升中关村生命科学园、大兴生物医药基地、亦庄生物医药园产业

聚集能力，打造全球领先的生命健康研发创新策源地和产业集聚区。

支持先进制造、现代交通、绿色能源与节能环保、新材料四大重点产业高端发展。中关村产业园大力培育以机器人、智能装备为核心的先进制造产业，带动工业制造智能升级发展，支持新能源汽车、商业航天、科学仪器等细分产业发展，建设国际领先的先进制造业发展示范区。大力培育以智能网联汽车、轨道交通与智能出行为核心的现代交通产业。加快空间信息产业数据信息的共享发展，实现在智慧城市、应急救援等场景中的广泛应用。推动在车联网、城市交通管理、城市地下轨道交通等领域实现应用场景开放。紧抓碳达峰、碳中和战略机遇，大力推动低碳、零碳、负碳技术研发与产业化，加快壮大以氢能及燃料电池、能源互联网为代表的绿色能源与节能环保产业。推动高效节能与物联网、大数据、人工智能等深度融合，打造完整的能源互联网基础运行体系。大力发展以第三代半导体材料、石墨烯为代表的新材料产业，重点聚焦前沿新材料、关键战略材料、先进基础材料等领域，着力培育一批新材料领军企业，打造高端新材料产业生态。

推动未来生命健康、未来智能、未来材料等前瞻性未来产业优先发展。中关村产业园支持开展事关经济社会发展全局和重大引领作用的未来产业自由探索研究，前瞻部署一批战略性、储备性技术研发项目。加快发展基因编辑、合成生物学、生物制造等未来生命健康产业，大力发展量子信息、未来网络、无人技术、柔性制造等未来智能产业，着力推动光电子材料、量子材料、新型超导材料、智能材料等未来材料产业，积极推动新一代空天系统、卫星互联网等未来民用空天产业和新型低碳洁净能源产业，形成一批突破性研究成果，不断催生新产业新业态。

一、人工智能

人工智能发展主要依托中关村人工智能科技园，园区围绕建设世界一流的人工智能科技园目标，着力建设国际领先的人工智能新型研发公共技术平台，集聚在京一流高校院所的人工智能学科重点实验室，利用全球创新资源，通过行业龙头企业的引领，在完善的生产服务业和高品质健康生活平台的支持下，在园区集中孵化以智能技术为核心、"智能+"为主体的人工智能创新创业企业，成为促进京西地区产业转型升级的新

动力。一期位于园区东南门户，拟瞄准"AI+制造"及"AI+生命健康"两大主导领域，打造"办公+试验+试制"功能于一体的高品质、特色化、标准化人工智能产业化基地。

二、电子信息

电子信息产业是中关村科技园区电子城科技园的核心产业，是经国家科技部和北京市人民政府正式批准建立的，以发展电子信息产业为主体的多功能、综合性的国家级高科技园区，电子城科技园是朝阳区高新技术产业功能区的核心区域，是承载朝阳区高新技术产业发展的重要基地。在未来的发展中，电子城科技园将努力实现规划报批、征地进程、转工安置、招商引资、政策支撑、道路畅通、创新服务、自主创新、统筹发展九个方面的突破。创新规划与产业发展指导体系、政策支撑体系、开发建设协调推进体系、产业促进与服务体系、环境保障体系、管委会内部运营管理体系六大体系，重推电子信息产业、生物医药产业、高技术服务业三大产业，实现电子城科技园产业结构趋于合理、主导产业特色突出、创新能力明显增强、重点企业稳定发展、服务体系基本健全、经济总量快速提升的总体目标。

三、生物医药

生物医药依托于中关村生物医药园，是中关村科技园区海淀园继留学人员海淀创业园、留学人员发展园之后建成的，面向从事生物技术产品、天然药物、化学合成药研发机构和团队的生物医药专业孵化器。2004年4月北京市科委正式授牌"首都科技条件平台——生物医药专业孵化器"。

园区配备了49个可供企业独立使用的标准实验室，总面积共1.1万平方米。建设了开放的生物工程GMP中试车间、分子生物学实验室、药物合成与制剂实验室、分析检测实验室、无菌试验室，配备了200多套仪器设备。结合硬件条件建设，联合中国疾病预防控制中心、北京生物技术与新医药产业促进中心、中国农业大学、北京动物实验研究中心等多家机构和园内具有平台技术优势的多家企业共同组建了工程化发酵技术、分离纯化技术、分析检测技术、药品注册、GMP 体系建设、资金融通等专业技术服务体系，全力营造生物医药企业创业发展的专业化环境。

四、软件与信息服务业

软件与信息服务业主要依托中关村软件园区，是国家自主创新示范区中的新一代信息技术产业高端专业化园区，是北京建设世界级软件名城核心区，是京津石高新技术产业带的重要园区，是我国创新驱动战略体系成果的展示窗口、国际合作与技术转移的关键节点、科技惠及民生的重要源头。

产业环境：园区内建有高速光纤网络系统和卫星广播电视接收系统，提供 1000M 的宽带网络和 20M 以上的高速国际出口；进行无线网络覆盖、视频会议系统、一卡通系统、监控系统以及通信系统等数字化园区建设；园区设有软件企业评估与认证中心、知识产权登记中心、软件产品质量评测中心、软件工程咨询中心等。其中，软件产品质量评测中心投资 1.35 亿元建设了全国最大的"三库四平台"（综合服务管理平台、软件质量管理平台、软件开发试验平台、软件测试平台，软件工具库、开放源码库和软件构件库），为软件企业的产品开发、质量管理等提供服务。出口服务中心：为软件企业提供国际商务、会展、会议、贸易等服务；成立软件出口联盟，为软件出口企业提供拓展市场、资源共享等服务。培训中心：提供人才培训和人力资源服务，信息系统监理咨询。孵化器：为中小企业提供孵化服务。

第十七章

深圳市高新技术产业园区

第一节 园区概况

深圳市高新技术产业园区（简称"深圳国家高新区"）成立于1996年12月，前身是深圳科技工业园，规划面积11.5平方千米，以占全市不到0.6%的土地面积创造了全市约11%的GDP，单位面积产出居国家级高新区首位。深圳国家高新区是国家"建设世界一流高科技园区"的六家试点园区之一，是"国家知识产权试点园区"和"国家高新技术产业标准化示范区"，是科技部建设世界一流高科技园区十家试点园区之一。

2019年4月，深圳市政府印发实施《深圳国家高新区扩区方案》，将南山园区、坪山园区、宝安园区、龙岗园区和龙华园区纳入深圳国家高新区范围，总规划面积达159.48平方千米，约为扩区前规划面积（11.5平方千米）的14倍，形成"一区两核多园"的发展新布局，有效破解原高新区土地面积狭小的制约瓶颈。扩区后，深圳国家高新区的管理体制机制顺畅，发展空间得到大范围拓展，科技创新能力、产业创新能力、国际竞争力、可持续发展能力等持续提升，高新区发展按下"快进键"。

2020年，深圳国家高新区实现营业收入20683.86亿元，园区生产总值达到7852.55亿元，经济总量占全市比重超1/4。高新区PCT国际专利申请量1.47万余件，拥有国家高新技术企业5075家，年产值超亿元企业823家，境内外上市企业142家。2021年深圳国家高新区实现营业收入22837.84亿元，同比增长6%以上。PCT国际专利申请量12420件，拥有国家高新技术企业5450家，年产值超亿元企业970家，境内外上市企业167家。深圳国家高新区用较小比重的国土空间面积创造了更大比重的科技经济贡献。在科技部国家高新区综合评价中，2020年位列全国第三，国际化和参与国际竞争能力位列第一。2021年度深圳高新区综合排名第二名，其中，综合质效和持续创新力单项排名第一名，创新能力和创业活跃度单项排名第二名。深圳国家高新区已经成为全市乃至全国创新驱动发展示范区和高质量发展的先行区。

深圳国家高新区是高新技术产业壮大的"主阵地"，重点发展电子信息、生物工程、新材料、光机电一体化四大产业，培育了华为、中兴、腾讯、迈瑞、大疆等一大批具有国际竞争力和影响力的创新型企业。深圳国家高新区历时近30年的改革、创新、发展，已成为引领深圳科技创新的核心引擎、发展高新技术产业的示范基地，成为全国创新资源最为集聚、创新成果最为显著、创新氛围最为浓郁、创新环境最为优越的区域之一。以深圳国家高新区为核心承载的深圳高新技术产业发展成为全国的一面旗帜。

第二节 重点产业布局

2022年2月、2022年6月，深圳国家高新区领导小组先后正式印发《深圳国家高新区"十四五"发展规划》及《深圳市人民政府关于发展壮大战略性新兴产业集群和培育发展未来产业的意见》，聚焦进一步壮大新兴产业集群。在未来产业方面，将前瞻布局合成生物、区块链、细胞与基因（含生物育种）、空天技术、脑科学与类脑智能、深地深海、可见光通信与光计算、量子信息等一批具有爆发式增长潜力的未来产业赛道，不断培育新产业新业态。

一、合成生物

重点发展合成生物底层技术、定量合成生物技术、生物创制等领域，加快突破人工噬菌体、人工肿瘤治疗等创制关键技术，推进合成生物重

大科技基础设施建设，建设合成生物学研发基地与产业创新中心。

二、区块链

重点发展底层平台技术、区块链金融、区块链智能制造、区块链供应链等领域，推动在技术框架、测评体系、应用规范、跨链互操作等领域形成一批技术标准和规范，打造区块链创新引领区。

三、细胞与基因

重点发展细胞技术、基因技术、细胞与基因治疗技术、生物育种技术等领域，完善细胞和基因药品审批机制、监管体系、临床试验激励机制、应用推广机制，加快建设细胞与基因产业先导区。

四、空天技术

重点发展空天信息技术、先进遥感技术、导航定位技术、空天装备制造等领域，推动航空航天材料及部件、无人机、卫星等技术创新，规划建设国内领先的空天技术产业研发与制造基地。

五、脑科学与类脑智能

重点发展脑图谱技术、脑诊治技术、类脑智能等领域，开展类脑算法基础理论研究与前沿技术开发，推进脑解析与脑模拟重大科技基础设施建设，抢占脑科学领域发展制高点。

六、深地深海

重点发展深地矿产和地热资源开发利用、城市地下空间开发利用、深海高端装备、深海智能感知、深海信息等领域，推进国家深海科考中心、海洋大学等重大项目建设，打造深地深海科技创新高地。

七、可见光通信与光计算

重点发展可见光通信技术、光计算技术等领域，推动建立可见光通信标准化体系，布局一批高价值专利，促进可见光通信技术与光计算技

术的应用示范，培育可见光通信技术与应用创新产业集群。

八、量子信息

重点发展量子计算、量子通信、量子测量等领域，建设一流研发平台、开源平台和标准化公共服务平台，推动在量子操作系统、量子云计算、含噪声中等规模量子处理器等方面取得突破性进展，建设粤港澳大湾区量子科学中心。

第十八章

上海张江高新技术产业开发区

第一节 园区概况

上海张江高新技术产业开发区（简称"张江高新区"）成立于1992年7月，位于上海浦东新区中南部，是中国国家级高新技术园区，与陆家嘴、金桥和外高桥开发区同为上海浦东新区重点开发区域，被誉为"中国硅谷"。2022年2月，被表彰为上海市首批"优秀科创产业园区"。

张江高新区有国家上海生物医药科技产业基地、国家信息产业基地、国家集成电路产业基地、国家半导体照明产业基地、国家863信息安全成果产业化（东部）基地、国家软件产业基地、国家软件出口基地、国家文化产业示范基地、国家网游动漫产业发展基地等多个国家级基地。建有国家火炬创业园、国家留学人员创业园。张江高科技园区正向着世界级高科技园区的愿景目标阔步前进。2020年，张江高新区主要产业产值规模达到1800亿元，集聚了超过10万家科技企业，其中，国家高新技术企业超过9000家。规上企业营业收入达6.2万亿元，战略性新兴产业工业总产值占全市比重超过60%。国家实验室为代表的国家级研发机构达到330家，实现同步辐射光源、硬X射线装置等一批国家重大科技基础设施布局。

经过近20年的开发，张江高新区构筑了生物医药创新链、集成电路产业链和软件产业链的框架，园区加快布局"五型经济"，重点发展

以集成电路、生物医药、人工智能为核心的"3+X"产业体系。做强集成电路、生物医药、人工智能三大产业；发展数字经济、绿色低碳、新能源汽车、高端装备制造、航空航天、信息通信、新材料等特色产业；培育第六代通信、下一代光子器件、类脑智能、氢能源、基因与细胞技术、新型海洋经济等具有前瞻性的未来先导产业。其中，张江科学城优化上海集成电路设计产业园、张江在线新经济生态园、张江药谷、张江机器人谷、张江人工智能岛等产业载体，提升集成电路、生物医药、人工智能、在线新经济等产业承载力。临港园优化提升生命蓝湾、东方芯港、海洋创新园、信息飞鱼、大飞机园等产业载体，加快集成电路、生物医药、人工智能、民用航空等产业布局。漕河泾园加快发展电子信息、现代服务业、数字经济、人工智能、生命健康等产业。

第二节 重点产业布局

一、集成电路

张江高新区是国家级电子信息产业园，也是国家电子信息产业基地、国家微电子产业基地的核心区。在国家极大规模集成电路制造技术及成套工艺专项（02专项）44个项目中，张江高新区占7项；国家核心电子器件、高端通用芯片及基础软件专项，张江高新区占22项。园区集成电路产业形成了包括设计、制造、封装、测试、设备材料在内的完整产业链，涌现出一批自主创新的明星企业，如芯片制造的中芯国际，芯片设计的展讯和材料装备的微电子，以及上海华虹NEC电子有限公司、宏力等200多家企业，总投资超过100亿美元，约占全国的60%。集成电路已进入90nm和65nm制造工艺研发阶段，与世界先进水平的差距从3代缩小到1代。手机芯片行业，展讯、锐迪科、格科微等公司已成为国际竞争对手不可忽视的力量。此外，园区在3G、高清晰度电视等领域也取得了成功。

二、生物医药

张江高新区是国家上海生物医药科技产业基地，同时也是上海国家

医药出口基地的核心区。园区重点发展化学药品、生物制药、现代中药。入驻的国家级、上海市重点研究所包括中国科学院上海药物研究所、国家新药筛选中心、国家上海新药安全评价研究中心等,企业包括罗氏制药、杜邦、霍尼韦尔、和记黄埔、中信国健、迪赛诺等。园区新启动了现代医疗器械园建设,重点发展医用数字化影像装备与探测技术产品、精密医疗器械机电基础件、生物电信号检测及临床监护设备、新型中医诊断与治疗仪器、物理治疗设备和微创手术设备、高性能人工器官与康复设备等。在国家重大新药创制专项方面,张江高新区获得支持的项目为99项,占全国10.2%。生物医药产业形成了从新药探索、药物筛选、药理评估、临床研究、中试放大、注册认证到量产上市的完整创新链,聚集了国内外生命科学领域的企业、科研院所及配套服务机构400多家,其中出现一批相当成熟的科研机构,如上海痛风病研究所临床科研中心、上海华中医学研究中心、上海妇科疾病研究所临床科研中心等,已成为国内外生物医药领域专业CRO机构集聚度最高、承接研发外包业务最活跃和国内创新药物研发数量最多的区域。

三、软件

张江高新区被授予"国家软件产业基地"和"国家软件出口基地"。上海浦东软件园已设立企业1000多家,入驻200多家,包括世界500强SAP、花旗、INFOSYS、惠普、微软、IBM等。软件从业人员10000多名,是中国大陆规模最大,实力最强的软件基地之一,并拥有多项具有自主知识产权的系统软件、数据库和应用软件,此外有多家企业通过了CMM和ISO的评级体系。软件及文化创意产业以数字出版、网络游戏、动漫、影视制作为重点,累计引进300余家文化类企业,包括盛大网络、第九城市、网易等。

四、新能源和新材料

张江高新区在新能源、新材料等战略性新兴产业领域,例如,生物燃料、水处理、生物脱硫、环保设备、环保服务等细分领域,形成了一定的产业基础,集聚了如凯能、林洋电子、理想能源和益科博等新能源企业。

第十九章

苏州工业园区

第一节 园区概况

苏州工业园区是全国开放程度最高、发展质效最好、创新活力最强、营商环境最优的科技园区之一。作为中国和新加坡两国政府间的重要合作项目，被誉为"中国改革开放的重要窗口"和"国际合作的成功范例"。2021年，园区实现地区生产总值3330.3亿元、同比增长10%；规上工业总产值6345.5亿元、增长17.5%，在国家级经开区综合考评中实现六连冠（2016—2021年）。跻身科技部建设世界一流高科技园区行列。2022年5月16日，苏州工业园区被授予全省首家且唯一"省级外资总部经济集聚区"称号。截至2021年年底，累计有效期内国家高新技术企业超2000家，累计培育独角兽及独角兽（培育）企业137家，科技创新型企业9000多家。累计评审苏州工业园区科技领军人才项目2285个。累计建成各类科技载体超1000万平方米、公共技术服务平台43个。

当前，园区正处在新旧动能转换的关键时期，建设世界一流高科技园区，是园区今后一个时期的主要任务和重要战略。对标国内国际先进地区，园区已经编制出台了"建设世界一流高科技园区规划"，并升级优化形成了"1+8+X"的创新政策体系，聚焦技术、产业、企业、人才、开放、生态"六个维度"，系统推进"六大行动"，力争到2025年，上市企业、国家高企、独角兽与瞪羚企业、科技领军人才等数量均实现翻番，新兴产业总产值突破4500亿元，成为国内领先、国际知名的科技创新重要枢纽。

第二节 重点产业布局

生物医药、纳米技术应用、人工智能产业是园区重点发展的三大新兴产业。近年来，能级不断提升，2021年分别实现产值1168亿元、1255亿元、610亿元，产值连续多年年均增长约20%以上。

一、纳米产业

近年来，苏州高度重视纳米技术应用产业发展，将其作为引领未来的先导产业加以重点培育。园区积极抢占纳米科技和产业发展先机，先后建成苏州纳米城、中科院苏州纳米所、纳微先进微球材料应用技术研究所等一批高端创新载体，跻身全球八大纳米产业集聚区。2006年起，园区就前瞻布局纳米技术应用产业，围绕微纳制造、第三代半导体、纳米新材料、纳米大健康等领域，持续完善产业链、布局创新链。

园区纳米技术应用产业呈现蓬勃发展的态势。累计引进和孵化相关企业近900家、集聚各级领军人才创新创业团队470多个、产业产值迈上千亿级。2021年江苏省高新技术产业开发区独角兽企业和瞪羚企业评估结果中，苏州纳米城11家企业获评潜在独角兽企业，13家企业获评瞪羚企业。世界首个按国家重大科技基础设施标准建设的纳米领域大科学装置——纳米真空互联实验站（Nano-X）一期已在高新区建成使用。

园区在微球、光刻胶、滤波器、单晶硅、氮化镓等领域的核心技术不断取得突破，在10多个细分领域填补国内空白，多项产品打破国外垄断，持续推进产业技术水平和综合实力提升，取得了骄人的成绩。苏州纳芯微电子隔离系列产品通过VDE增强隔离认证，成为国内首家通过该认证的芯片公司；胜科纳米（苏州）研发总监乔明胜斩获国际电工委员会2020年度"IEC1906奖"，成为苏州第三位获此殊荣的专家；苏州桐力光电、苏州优备精密、敏芯微电子荣获2020年度江苏省专精特新"小巨人"企业；苏州纳芯微电子荣获2021年度中国IC设计成就奖"年度中国创新IC设计公司"；苏州纳微科技荣登"2020年度中国医疗大健康产业投融资荣耀榜"年度最佳医疗服务（含CRO）上市公司TOP10；苏州明皜传感、苏州纳芯微电子荣获2020中国半导体十强企

业；旭创科技入选"2021 苏州民营企业 100 强"名单。

未来，园区将通过整合产业链、创新链、投资链、服务链、人才链等多维要素资源，不断为招商引资赋能提效，构建更加有利于产业发展的生态环境，集聚全球纳米创新资源，培育纳米产业现代服务体系，为建设世界一流高科技园区做出更大贡献。

二、人工智能

苏州园区大力发展以人工智能为引领的新一代信息技术产业，持续加大相关产业链布局，落地多项政策扶持措施。按照苏州工业园区"以场景开放为牵引，以应用创新为突破口、以创新中心为抓手"的总体发展思路，提出了建成国际知名人工智能应用创新试验示范区和产业聚集区的人工智能产业发展目标。2021 年 3 月，苏州获批建设国家新一代人工智能创新试验区。作为这一试验区的核心区域，园区持续强化政策引导，多管齐下。苏州新一代人工智能产业创新发展政策制定了 15 条具体措施，进一步加快推进人工智能基础层、技术层及应用层全产业链创新发展。

人工智能产业创新集群发展态势明显，创新创业环境持续优化。目前已集聚人工智能核心企业 660 余家，2020 年产值逾 840 亿元，产业产值连续多年保持 20%以上增幅。吸引了微软、华为、西门子等世界 500 强研发机构以及科大讯飞、思必驰、云从科技等龙头企业落地。汇聚各级领军人才超 700 位，拥有国家级人才工程入选者 14 位、江苏省双创人才 77 位；拥有市级及以上研发、工程、技术中心 158 个，其中国家级 3 个、省级 63 个，累计引进国家科研院所 12 家。累计拥有人工智能领域境内外上市企业 11 家，各级独角兽（含培育）企业 34 家，瞪羚（含培育）企业 149 家。产业领域涵盖"AI+制造"、"AI+生物计算"、"AI+语言计算"、"AI+智能驾驶"、"AI+金融"和"AI+文旅"等板块。

下一步，园区将以建设国家新一代人工智能创新发展试验区为契机，全面加大人工智能创新发展推进力度，加快开放一批应用场景，打造人工智能创新应用标杆，到 2023 年，形成 30 个具有全国领先、特色鲜明的深度应用场景，形成 10 个国内一流、国际知名的典型应用场景示范区。

三、生物医药

生物医药产业是园区着力发展的"一号产业",已初步形成重点产业集群。目前,苏州生物医药企业达 3800 多家,园区已聚集生物医药领域相关企业超 2000 家,累计培育境内外上市企业 23 家,年产值迈上千亿台阶,已初步形成创新人才荟萃、创新主体集聚、创新生态完善、创新成果迸发的生物医药产业体系。位于苏州工业园区的苏州生物医药产业园已聚集 550 余家生物医药高科技创新企业,形成创新药研发、高端医疗器械、生物技术三大重点产业集群。当前,苏州生物医药产业园在夯实抗体药物、基因和细胞疗法的基础上,正加速布局核酸药物。园区医疗器械产业集群蓬勃发展,先后引进了生物梅里埃、怡道生物等标杆企业,累计集聚医疗器械和生物医药企业 785 家,产业产值年均增长率超 30%。引进中科院苏州医工所、东南大学苏州医疗器械研究院等院所平台,设立了省医疗器械产业技术创新中心,累计集聚医疗器械和生物医药领军人才 500 余人次。

园区加快推动生物医药产业的制度创新,制定了"时间表"和"线路图"。新出台的《苏州市生物医药产业创新集群建设实施方案》(以下简称《方案》)提出,加快建设苏州特色的生物医药产业创新集群,努力把生物医药产业建设成为苏州的城市地标产业。《方案》聚焦创新医药、高端医疗器械、CXO(合同研发生产组织)、BT(生物技术)+IT(信息技术)、产业链配套、商贸供应链、医疗健康服务和其他专业服务 8 个重点领域方向,进一步深化全产业链战略,提出了实施数字技术融合、大中小融通发展、生物人才集聚、产学研知识产权协同、核心技术突破、临床保障提升、审批服务提效、创新金融提升、创新平台推进、体制机制创新十大工程 40 条举措。苏州生物医药产业发展两个阶段性目标:到 2023 年,力争产业规模突破 3300 亿元,产值突破 2700 亿元;到 2025 年,力争产业规模突破 4000 亿元,产值突破 3500 亿元,高水平构建具有苏州特色的生物医药产业创新集群。

第二十章

西安高新技术产业开发区

第一节 园区概况

西安高新技术产业开发区（简称"西安高新区"）是国务院首批批准成立的国家级高新区之一。目前辖区面积达到1079平方千米，人口超过110万。GDP从1991年0.65亿元增长到2020年2410.08亿元，同比增长12.3%。进出口总额2764.71亿元，占全省比例近80%。

西安高新区已经初步形成以人工智能、大数据与云计算、增材制造、卫星应用、5G为代表的五大战略性新兴产业。2020年电子信息产业规模达2732亿元，跃升中西部第一；规上工业总产值2459.85亿元，其中高技术制造业工业总产值1654.61亿元，保持31.8%的高速增长。

科技创新转化体系成熟完备，西安高新区构建了从研发到孵化、再到产业化的全链条式科创体系，聚集高等院校12所、科研院所49家，重点实验室、工程技术中心等创新平台311个，新型研发机构186家，企业研发费用GDP占比超6%。双创载体达到164家，拥有高企3182家、科技型中小企业2434家，均占全省1/3以上。培育瞪羚企业214家、独角兽企业2家、上市企业54家。成功引进了美光、三星等高科技企业，设立境外离岸创新研发机构18个，累计引进世界500强企业和项目超过130家。2021年6月，西安高新区启动建设丝路科学城，将在辖区核心区域面积达220平方千米的土地上，建设由中央创新区、

生态文创区和硬科技产业区三个片区组成的丝路科学城。这是西安高新区"三十而立再出发",实现更高、更新梦想的主阵地。

第二节　重点产业布局

西安新兴产业领域以国家硬科技创新示范区为主要载体,围绕人工智能研发及产品制造、5G 技术研发与产品制造、关键器件、核心芯片等产品的关键环节、关键技术、关键零件,积极引进新技术、新产品、新业态、新模式布局,形成各具特色、优势互补、结构合理的新兴产业增长引擎。

一、人工智能

西安高新区是西安发展人工智能产业的核心区。2020 年 1 月 23 日,西安获批建设国家新一代人工智能创新发展试验区。同年 4 月西安高新区发布了《人工智能试验区核心区建设方案》(以下简称《方案》)。根据《方案》,2022 年,西安高新区将初步建成新一代人工智能创新发展试验区核心区,届时核心产业规模将达到 100 亿元,带动相关产业 1000 亿元,并在技术创新体系、深度融合应用、产业发展生态等方面取得突破,为试验区建设初步绘制了路线图、任务书。

西安高新区出台了涉及人工智能专项资金、企业引进、人才集聚等方面的 8 条政策措施。具体包括:每年设立 5 亿元的产业发展专项资金;大力引进人工智能领军企业,重点引进行业世界 500 强、全国百强总部,给予最高 3500 万元落户奖励、最高 2000 万元进步奖励;搭建和引进人工智能创新平台,给予最高 1000 万元支持;集聚人工智能产业高层次人才;培育人工智能初创企业,给予最高 400 万元支持;支持企业研发创新,给予最高 60 万元研发费用补贴、最高 1000 万元上市支持;加强知识产权布局,对当年申请的国内、国际专利,分别给予每件最高 5000元、最高 10 万元支持;鼓励示范应用场景建设,给予最高 500 万元支持。

目前西安高新区呈现人工智能企业聚集的态势。作为西安发展人工智能产业的核心区,西安高新区具有发展人工智能的科研、技术、产业等各类资源和先天优势。西安高新区聚集了全市 70%以上的高端创新资源，并在人工智能领域取得了显著成果，正在积极推进区内软件新城、人工智能产业园、西安电子谷和西安智慧谷"一区四园"建设，实现人工智能细分产业集群聚集。西安高新区目前拥有双创平台 110 个，其中国家级众创空间 18 家，人工智能类占比 40%；拥有人工智能企业 100 余家，领军企业 9 家。其中，交叉信息核心技术研究院研发成功"启明 910"人工智能加速芯片；中兴、比亚迪智能终端生产基地已正式投产；区内还有众多智能制造企业为人工智能产业发展提供了技术应用场景。西安高新区西安软件园聚集了西安 90%以上的行业企业，具有科研、技术、创新、人才等人工智能产业发展的先天优势。

二、5G

西安高新区是西安 5G 产业发展的主阵地。5G 企业在西安市规划中主要作为服务于支柱产业的基础性产业存在。根据《西安市加快 5G 系统建设与产业发展的实施意见》，2022 年末，西安 5G 基站数量累计将会达到 25000 个，5G 产业规模超过 300 亿元。在先进制造、智慧城市、智慧全运、文化创意、人工智能、智慧物流、智慧医疗、智慧教育、车联网、无人机等领域形成 20～30 个 5G 创新应用示范案例，在超高清视频、VR/AR、移动安防等领域形成可复制、可推广的商业应用模式。《西安市现代产业布局规划》提出以高新区作为 5G 产业发展的主阵地，争取华为、中兴、三星等 5G 领域龙头企业在西安开展 5G 设备、零部件、终端生产制造业务，积极引入一批具有行业影响力的 5G 企业，打造西安 5G 产业高地。

目前，西安 5G 重点产业项目相继落地，5G 设备、零部件、终端生产制造业务逐步完善。2020 年 4 月，西安高新区与中国电信西安分公司签订"5G+光网"双千兆建设战略合作协议。双方将加快推进 5G 移动网络、千兆光网建设速度，探索"5G+人工智能"新应用、新业态，建立 5G 产业生态圈，加速推进智慧园区、智慧社区、智慧校园、智慧消防在高新区落地，打造"5G+光网"双千兆示范区。2022 年 5 月 20 日，天和防务二期-5G 通讯产业园（北区）项目封顶。主要建设 5G 通信电子产品生产区和天和海防科研中心，包括隔离器、环形器机加工、装配

厂房，5G 射频微波芯片生产厂房和天线包装、组装厂房，形成一条从 5G 通信射频微波器件原材料生产到设计研发再到生产加工的 5G 全产业链。海康威视西安科技园项目于 2021 年 3 月启动建设，计划于 2023 年年底建成。

第二十一章

杭州高新技术产业开发区

第一节 园区概况

杭州高新技术产业开发区（简称"杭州高新区"）成立于1990年，是国务院批准的首批国家级高新技术产业开发区之一。杭州高新区始终坚持发展高科技、实现产业化、建设科技新城，牢牢把握"高质量发展与可持续发展""高质量发展与高水平治理""高质量发展与高素质队伍"三对关系，深化"产业业态、城市形态、人才生态"三态融合，全力打造数字经济和制造业高质量发展的"双引擎"，奋力推进世界一流高科技园区建设。2021年杭州高新区实现经济总量"三突破"。GDP突破两千亿大关，实现2022.6亿元，总量位于全市第三；按可比价格计算，同比增长11.3%，两年平均增长9.2%，增速及两年平均增速皆位列全市第一。分产业看，第一产业增加值0.5亿元，下降27.3%；第二产业增加值859.1亿元，同比增长12.9%，两年平均增长11.2%，其中工业增加值841.0亿元，同比增长12.9%，两年平均增长11.3%；第三产业增加值1163.1亿元，同比增长10.2%，两年平均增长7.6%。财政总收入和一般公共预算收入实现历史性"双突破"。财政总收入突破400亿大关，实现407.0亿元，增长13.5%；一般公共预算收入突破200亿大关，实现202.9亿元，增长11.0%，其中税收收入在一般公共预算收入中占比继续保持在95%的高水平，财政收入量质齐升，实现历史新跨越。

为了持续壮大产业能级，杭州高新区还将加强前沿产业布局，瞄准

引领数字经济发展趋势的未来产业、前沿产业和变革性产业，特别是围绕数字经济"BASIC 产业"矩阵（大数据及区块链、人工智能、数字安防及网络安全、IoT 物联网及 IC 芯片设计、云计算等产业集群），抢占未来产业竞争制高点。同时，为了更好地发挥产业平台对产业升级的引擎作用，将进一步做大做强物联网、互联网、创意小镇，高水平建设智造供给、金融科技和智慧医健小镇，争取早日把 6 个特色小镇建设成为 6 个千亿级产业平台，为打造全国数字经济最强区插上腾飞的翅膀。

第二节 重点产业布局

一、智慧经济

智慧经济产业领域企业创新能力持续增强。杭州高新区始终致力于发展高新技术产业，走出了一条主导产业突出、高新特色鲜明的产业发展之路，打造了网络信息技术产业的全产业链，形成了千亿级智慧经济产业，具备了可以代表国家参与全球竞争的优势。涌现出阿里巴巴、吉利集团、网易（杭州）、新华三、海康威视、大华技术、宇视科技、正泰太阳能、浙江中控、聚光科技等一大批行业领军企业，形成了电子商务、智慧互联、智慧物联、智慧医疗、智慧安防、智慧环保等一大批"互联网+"的产业集群，电子商务、数字视频监控、宽带接入设备、集成电路设计产业、软件产业、动漫制作的整体水平居国内领先，人工智能、集成电路设计、云计算、大数据、生命健康等前沿技术领域企业快速成长。

二、数字经济

全面加快信息软件、数字内容、电子信息制造和物联网等数字经济核心产业发展。在加快城市数字化方面，将打造集公安、消防、城管、政法、治水、社区管理等为一体的智慧化社会治理综合指挥中心。积极拓展杭州城市大脑综合版在滨江的应用场景，在智慧安防、智慧医疗、智能交通、智慧教育、智慧环境等方面提供"滨江方案"，建设更多可复制、可推广的智慧城市建设案例，帮助杭州高新区企业在示范应用和

开拓市场上做大做强，成为全国数字化城市治理方案的输出地。在推进数字产业化和产业数字化方面，将继续巩固网络基础产业、物联网、互联网三大信息经济主导领导优势，推进战略性新兴产业集群发展，加快培育智造供给问题系统解决方案供应商。比如，以国家级"芯火"平台为核心，大力发展集成电路设计产业；以工业互联网、工厂物联网应用为核心，提升数字技术对传统产业的转型升级；以5G产业联盟为核心，大力支持新技术、新产品率先应用推广等。全区深入实施数字经济"一号工程"，打造"数字经济最强区"，入选省级数字经济创新发展试验区，数字经济综合评价和两化融合发展水平连续位列全省第一。全年实现数字经济核心产业增加值1596.2亿元，同比增长16.0%，占生产总值比重78.9%，连续位居全省第一。信息软件、数字内容、电子信息制造和物联网等数字经济相关产业持续保持10%以上增长。

第二十二章

武汉东湖新技术开发区

第一节　园区概况

武汉东湖新技术开发区（简称"东湖高新区"），又称中国光谷、简称光谷，于1988年创建成立，是中国首批国家级高新区、第二个国家自主创新示范区、中国（湖北）自由贸易试验区武汉片区，并获批国家光电子信息产业基地、国家生物产业基地、央企集中建设人才基地、国家首批双创示范基地等。

经过30多年的发展，东湖高新区综合实力和品牌影响力大幅提升，知识创造和技术创新能力提升至全国169个国家级高新区第一，成为全国10家重点建设的"世界一流高科技园区"之一。东湖高新区规划总面积518平方千米，集聚了武汉大学、华中科技大学等42所高等院校、56个国家及省部级科研院所、30多万专业技术人员和80多万在校大学生，是中国三大智力密集区之一。东湖高新区下辖8个街道，并建有8个专业园区（光谷生物城、武汉未来科技城、武汉东湖综合保税区、光谷光电子信息产业园、光谷现代服务业园、光谷智能制造产业园、光谷中华科技园、光谷中心城）。东湖高新区出台了"黄金十条""创业十条""互联网+十条""对外开放十条""科技金融15条"等系列政策，形成了"1+8+N"招商政策体系，即1个支持招商引资的若干意见，外企、央企、总部、自贸、产业、人才、金融、知识产权8个方面的N个具体支持政策。2021年，东湖高新区GDP增长16.8%。其中，GDP总

量、固定资产投资、招商引资到位资金总量全市第一，规上工业增加值增速全市第一。

在产业体系上，目前东湖高新区正加快构建"两强带动、两新融合、抢抓未来"的"221"产业体系。聚焦光芯屏端网、生命健康两大产业集群，深入推进强链、延链、补链，进一步夯实产业基础，着力补齐核心设备、基础工艺、关键基础材料等领域短板，增强产业链供应链自主可控能力；聚力推进数字经济与新消费深度融合，搭建一批新技术新产品应用场景，大力发展 5G、人工智能、物联网等数字化产业，支持在线教育、在线医疗、在线文娱等数字消费服务新业态新模式加速发展，提升数字消费能级；前瞻布局一批未来产业，制定支持量子科技、脑科学、区块链、生物医药等未来产业培育政策，抢占未来产业制高点。开展新一轮企业技术改造，加快促进制造业数字化、网络化、智能化高质量发展。

第二节　重点产业布局

一、生物医药

建设布局武汉国家生物产业基地，以生物医药、生物医学工程等为特色领域。武汉国家生物产业基地（即光谷生物城）位于武汉东湖国家自主创新示范区，是中国光谷以"千亿产业"思路建设的第二个国家级产业基地。光谷生物城于 2008 年 11 月开工建设，重点围绕生物医药、生物医学工程、生物农业、精准诊疗、智慧医疗、生物服务等领域，已建成生物创新园、生物医药园、生物农业园、医疗器械园、医学健康园和智慧健康园，正在大力推进建设生命健康园，打造集研发、孵化、生产、物流、生活为一体的生物产业新城。2008—2016 年，光谷生物城建设国际化专业园区、坚持自主创新、引进培育市场主体、推进资本和产业深度融合、优化综合发展环境，着力增强生物医药的核心竞争力，加速生物医学工程跨界融合，利用现代生物技术提升传统农业的辐射带动能力，超前布局精准诊疗，引进专业技术服务业，推动大数据、云计算和物联网与医疗健康的高速融合，带动生物产业成为东湖高新区经济

发展的"双引擎"之一。2016年产业总收入突破1000亿元，年均增长率保持在30%以上；聚集各类生物企业1000余家，其中世界500强8家，国内上市公司32家；引进23个国家、433个海内外高层次创业团队。在科技部2014年中国生物医药园区调研报告中，东湖高新区生物产业综合实力位列全国108个生物产业园区的第二名，其中基础竞争力和可持续发展竞争力全国第一。在有关特色领域，光谷生物城紧跟国际产业发展前沿，加大力度培育和布局特色产业领域，在基因工程药、干细胞治疗、基因检测、数字医学影像、智慧医疗方面加强了培育力度，形成了一定的比较优势。生物医药是我国重要的新药创制中心、国家级创新药物孵化器、国家新药创制综合大平台、国家基因工程药物公共服务平台。在生物药领域，与国内顶级科研机构共建"军科光谷研发中心"，多个基因工程药进入临床；培育了国际首个可量产的水稻基因重组人血白蛋白，即将获得临床批件；在化学药制剂领域，已成为全国最大的抗病毒处方药生产基地，建设了全国首个cGMP标准的软胶囊出口生产基地。生物医学工程是我国最大的激光医疗设备研发生产基地，国家级生殖健康产业基地、国家级医疗器械企业孵化器，共引进企业187家，获得450余个医疗器械注册证。在数字医学影像领域，拥有全自动细胞显微成像、体外控制胶囊内镜成像、X光成像、四维彩色超声成像、磁共振成像、核医学成像、热层析成像等多系列产品，部分产品技术世界首创；在激光医疗设备领域，拥有全国首个医用飞秒激光器、全国首个微型牙科激光治疗仪和全国首个射频光子联合作用多功能光子治疗机；在生物医用材料领域，拥有全国唯一的可诱导冻干同种异体脱钙组织工程骨产品，全球首个小口径仿生人造血管和肺动脉带瓣管道已进入国产创新医疗器械特殊审批通道。

二、光电子信息

重点围绕光通信、激光、集成电路、移动互联、软件创意及金融服务等高新技术产业建设光谷光电子信息产业园。光谷光电子信息产业园（以下简称"光电园"）位于武汉东南部，地处东湖高新区与武汉中心城区的门户，北接雄楚大道、珞瑜东路，南至沪蓉高速，东临光谷二路、光谷四路，西接洪山区，总面积约82.38平方千米，是中国首个国家级

光电子信息产业基地的核心载体，中国孵化器事业的发源地，东湖高新区第一个千亿元级产业园区，也是中国光谷基础配套设施最完善、社会文化最繁荣的国际化科技产业园区。光电园多年来始终坚持创新驱动发展战略，重点围绕光通信、激光、集成电路、移动互联、软件创意及金融服务等高新技术产业，不断完善创新产业链，打造创新产业集群。其中，光电子信息产业已融入全球光电产业链和创新链，成为代表中国参与全球光电产业竞争的主力军。光电园聚集了国务院批准建设东湖高新区 20 多年来的经济建设存量，包含了富士康科技园、光谷软件园、大学科技园、留学生创业园、国际企业中心、光谷创意产业基地、东湖新技术创业中心、流芳园、能源环保园、船舶园及周边、凤凰山园、汽车电子园、金融港、黄龙山园、装备制造园、关东工业园、关南工业园、关山村工业园等 42 个子园区，汇聚企业 2 万余家，其中规上企业总数及工业总产值占整个高新区的 86%以上，是中国光谷产业发展的基石、支柱和重要引擎，2020 年，园区产业收入突破 2 万亿元，产值达到 8000 亿元，成为全球光电子信息技术创新中心。

三、智能制造

重点围绕面板显示产业、装备制造产业、大数据产业等产业建设光谷智能制造产业园。武汉东湖高新区作为继北京中关村之后国务院批准的第二个国家自主创新区，已成为深化高科技产业、驱动改革创新的国家综合性高技术产业基地。2010 年，经国务院批准，武汉中国光谷规划面积扩大至 518 平方千米，并正式确定其"东进"发展战略。光谷智能制造产业园作为武汉东部地区产业支撑新节点，具备水运、铁路、公路立体交汇的交通网络，将重点吸引光电子信息、高端装备制造、新能源、环保及其配套、港口物流产业。光谷智能制造产业园致力于打造成为光谷智能智造产业的承接区、国家光谷激光产业基地、国家级面板显示产业基地、光谷电子商务及物流产业基地，并努力创建"世界知名、国内一流"的高科技产业园、全国新城镇建设的示范区。作为国家重点扶持的面板显示产业，华星光电面板显示生产基地、天马微电子相继落户光谷智能制造产业园，确立了光谷智能制造产业园重点发展面板显示产业的发展方向。华星光电项目位于光谷智能制造产业园左岭大道以

西、武九铁路以南地块，投资 160 亿元，拟建设第六代面板显示产业基地，预计年产值 200 亿元。深圳天马微电子股份有限公司拟选址光谷智能制造产业园面板显示生产基地，投资新建第六代 LTPS 显示面板生产线项目。其中项目一期计划总投资 120 亿元，设计产能为 36 万片/年。以上项目建成投产后，光谷面板显示产业基地全产业链年产值将超 1000 亿元，目标是成为华中地区最大的面板显示生产产业链。东湖高新区已全面启动了大数据产业发展的调研、规划和布局工作。目前，光谷智能制造产业园面板显示、智能制造两大产业大集聚区初具规模，加之其独有的临江设施及辐射区位优势，计划以大数据产业中的存储和设备制造产业为撬动点，发展千亿级产值的大数据产业集群。

企 业 篇

第二十三章 先进通信企业

第一节 中兴通讯

一、总体情况

中兴通讯股份有限公司(简称"中兴通讯")是全球领先的综合性通信设备制造业上市公司和全球综合通信信息解决方案提供商之一,致力于为客户提供满意的信息与通信技术产品及解决方案,集"设计、开发、生产、销售、服务"等于一体,业务覆盖160多个国家和地区,服务全球1/4以上人口。中兴通讯各系列电信产品均处于市场领先地位,与中国移动、中国电信、中国联通等我国主导电信服务运营商建立了长期稳定的合作关系,并已向全球多个国家和地区的电信服务运营商和政企客户提供创新的技术与产品解决方案,让全世界用户享有语音、数据、多媒体、无线宽带、有线宽带等全方位沟通的服务。中兴通讯是ITU(国际电信联盟)、3GPP(第三代合作伙伴计划)、ETSI(欧洲电信标准化协会)、IEEE(电气与电子工程师协会)、NGMN(下一代移动通信网络)、CCSA(中国通信标准化协会)等70多个国际标准化组织和联盟的成员,并在GSA(全球移动供应商协会)、ETSI等多个组织担任董事会成员,60多名专家在全球各大国际标准化组织担任主席和报告人等重要职务,累计提交国际国内标准化提案、研究论文超过10万篇。

二、发展策略

中兴通讯将 5G 作为发展的核心战略，并延伸出多个相关领域发展战略。中兴通讯经过多年的积累和沉淀，已具备完整的 5G 端到端解决方案的能力，凭借在芯片、数据库、无线、核心网、承载、终端和行业应用等方面领先的技术，以及相关产品和方案的优势，加速推进全球 5G 商用规模部署。在芯片领域，中兴通讯具有二十多年的研发历史，秉承行业领先为目标，强化芯片投入，聚焦芯片全流程自主设计的关键技术，持续提升芯片研发的基础能力，发挥创新核心平台作用。中兴通讯基于先进工艺自研芯片的高性能、全系列产品助力运营商打造高性价比、平滑演进的 5G 网络。在无线领域，中兴通讯面向运营商客户和行业客户打造极致 5G 网络。针对运营商客户，以 5G 新型立体覆盖方案、增强分布式天线系统、FAST 等创新技术从网络侧强化用户感知、降低建网成本、提升频谱效率。针对行业客户，以站点算力引擎和无线硬隔离切片为行业赋能，使中小企业对 5G 专网具备更大自主权与灵活性；5G 云核心网增强方案，通过架构增强、能力增强、运维增强、立体化安全防御满足行业差异化需求。中兴通讯是我国 5G 规模商用的主要参与者，助力国内三大运营商在 240 多个城市实现 5G 规模商用。在 5G 消息领域，中兴通讯率先实现 5G 消息试商用，承载全国最多 5G 消息注册用户。中兴通讯同时关注 5G 绿色网络建设，推出了以人工智能为技术核心的 5G 基站节能方案，整网节电达 20%。

第二节 烽火通信

一、总体情况

烽火通信科技股份有限公司（简称"烽火通信"）成立于 1999 年，专注于全球信息通信事业的进步与发展，已成为我国智慧城市、行业信息化、智能化应用等领域的核心企业，致力于最大限度挖掘数字连接价值，赋能千行百业。烽火通信产品涵盖传送、接入、光纤光缆、数据通信、服务器、云计算、光配线、大数据平台服务和数据分析服务、移动

平台等多方面，产品及服务解决方案除助力于运营商的业务发展和转型需求，还广泛服务于政务、轨道、教育、建筑、广电、电力、铁路、石油、高速、医疗等多个行业，公司已成为我国智慧城市、行业信息化、智能化应用等领域的核心企业，连续多年荣膺全球光通信最具竞争力企业十强。烽火通信主营业务立足于光通信，深入拓展至信息技术与通信技术融合而生的广泛领域，拥有武汉、东北、华东、西北、西南、南美、南亚、北非等产业基地，以及全资、控股、参股等数十个子公司。烽火通信在全球 50 多个国家构建了完备的销售与服务体系，产品与服务覆盖 90 多个国家和地区。

二、发展策略

5G 时代，烽火通信秉承"最大限度挖掘数字连接价值，造福人类社会"的使命，顺应全业务运营和三网融合的发展趋势，始终以用户需求为导向，布局云网端产业链，凭借完善的基础设施产品组合及丰富的面向应用的综合解决方案交付经验，在不断的创新中形成了从系统、线路、终端到业务层的三网融合的整体解决方案，助力客户迎接信息化挑战，共享云网一体化带来的新价值。为了持续增强在光通信领域的技术实力，保持行业领先地位，烽火通信每年将收入的约 10%用于研究和开发企业独有的核心技术，科研成果转化率保持在 90%以上。公司持续进行行业对标，强化研发主体地位，聚焦资源，坚定投入，攻坚关键技术瓶颈，提升产品核心竞争力。此外，烽火通信还积极参与各项国家、行业标准编制工作，包括政府行业、通信行业、轨道行业以及云计算、大数据等领域的多项标准编制工作，完成标准编制数十项，并培养了专业的标准编制人才队伍，成为 5G 通信、云计算、大数据、数字政府、智慧城市、智慧城轨等行业标准的引领者。

第三节 中国移动

一、总体情况

中国移动有限公司（简称"中国移动"）于 1997 年 9 月 3 日在香港

成立，并于 1997 年 10 月 22 日和 23 日分别在纽约证券交易所和香港联合交易所有限公司上市。2021 年 5 月 18 日，中国移动有限公司在纽约交易所退市生效。2022 年 1 月 5 日，中国移动有限公司人民币普通股于上海证券交易所主板挂牌上市。同年，中国移动有限公司被《福布斯》选入全球 2000 领先企业榜，被《财富》杂志选入财富全球 500 强。中国移动品牌在 2021 年再次荣登 Millward Brown 的 BrandZ™ 全球最具价值品牌 100 强，位居第 68 位。

中国移动有限公司在中国内地所有 31 个省、自治区、直辖市以及香港特别行政区提供通信和信息服务，业务主要涵盖移动话音和数据、宽带，以及其他信息通信服务，是中国内地最大的通信和信息服务供应商，也是全球网络和客户规模最大、盈利能力领先、市值排名位居前列的世界级通信和信息运营商。截至 2022 年 6 月底，中国移动客户总数约 9.7 亿户，有线宽带客户总数达到 2.56 亿户，2021 年营业收入达到 8483 亿元。

二、发展策略

积极承担 6G 研发职责。一是中国移动在 6G 技术研发中积极承担国家项目。包括"宽带通信和新型网络"等国家重点专项 7 项，牵头了 6G 网络架构及关键技术研究课题，同时，中国移动积极与国家级实验室开展合作，并承担、参与国家重要创新平台的建设。二是中国移动积极参加国家的 6G 工作组和推进组并承担多个领导职务。在 6G 需求研究、无线技术、网络技术、试验测试等任务组中积极发挥运营商的市场牵引和创新带动作用。三是中国移动密切保持与国际组织的交流与合作。在下一代移动通信网牵头 6G 愿景与需求，从运营商角度牵引行业技术发展方向；在 ITU 输出 6G 愿景、场景、技术指标，开展未来业务预测和技术趋势研究，引导 ITU 形成合理的 6G 标准时间表。

开展产业协同创新。中国移动在北京市昌平区、中国移动国际信息港建设全球领先的"8+2+1+1"6G 协同创新基地。包括建设网络架构技术、无线技术、空天地一体化等端到端技术领域的研发实验室，以及微波暗室、仿真评估等基础设施环境，1 套端到端 6G 试验系统，以及 1 张全球领先的 6G 试验网，具备规模最大、场景多样、覆盖立体和多频

段融合组网等特点，支持各种新型业务和应用场景的验证。6G 协同创新基地也将积极服务于我国 6G 技术研发试验。中国移动研究院在 6G 攻关过程中，协同清华大学—中国移动联合研究院、北京邮电大学—中国移动研究院联合创新中心、东南大学—中国移动研究院联合创新中心、中关村创新院等创新联合体，不断加大基础理论、共性关键技术、交叉学科融合技术的攻关，取得了系列创新成果。2018 年以来，中国移动与合作伙伴联合研发了超大规模天线、太赫兹通信、可见光通信、智能超表面、空天地一体、智慧内生网络、可重构芯片等多套 6G 关键技术原型样机和器件，这些成果对国内外 6G 研究的进展做出了重要贡献。

第二十四章

量子信息企业

第一节 华为

一、发展情况

2018年，华为技术有限公司（简称"华为"）开始布局量子计算领域。作为全球领先的信息与通信技术（ICT）解决方案供应商，华为以构建万物互联的智能世界为口号，务实推动相关领域的科技进步。2018年华为全连接大会上发布的 HiQ 云服务平台，标志着华为开始布局量子计算领域。平台包括 HiQ 量子计算模拟器与基于模拟器开发的 HiQ 量子编程框架两个部分。

目前的工作主要是开发和维护 HiQ 量子计算云平台。2019年6月，华为发布昆仑量子计算模拟一体机原型。包括昆仑服务器、本地 HiQ 编程框架和部署在云端的量子计算模拟器三部分。2019年9月，华为推出 HiQ 2.0 量子计算软件解决方案，推出业界首个一站式量子化学应用云服务及对应的软件包 HiQ Fermion。2020年9月，华为发布了 HiQ 3.0 量子计算模拟器及开发者工具，进一步丰富了 HiQ 的系统功能。

2021年至今，华为新增多项量子技术专利，涉及量子密钥分发系统、量子芯片和计算机等多个领域。

二、发展策略

华为着力在量子编程领域确定领先地位。华为在量子计算领域的规

划主要是基于目前的 HiQ 量子计算云平台，依据其量子编程框架图的规划，一步步地实现从底层的硬件设计，到量子编程语言和编译器的实现，提供量子算法库，最终能够推出相应的量子应用。华为积极和众多开发者合作，几乎每年都进行量子编程比赛，吸引了广大开发者参与其中，也促使华为的量子生态能够蓬勃发展。华为量子计算编程框架为经典—量子混合编程提供统一的编程模式，目标是推出从底层到上层应用的全栈式的量子编程框架，这将使得华为在量子编程领域确定领先地位。

第二节 阿里巴巴

一、总体情况

阿里巴巴集团控股有限公司（简称"阿里巴巴"）是第一个进入量子赛道的中国科技巨头。作为国内首屈一指的互联网公司，阿里巴巴早在 2015 年就把目光瞄准了量子计算。2015 年 7 月 30 日，在中国科学技术大学上海研究院举行的战略合作签约暨揭牌仪式上，中国科学院宣布联合阿里巴巴集团成立"中国科学院—阿里巴巴量子计算实验室"，共同开展在量子信息科学领域的前瞻性研究，研制量子计算机。阿里巴巴由此成为第一个进入量子赛道的中国科技巨头。

量子计算是阿里巴巴在量子领域的核心研究方向。在 2017 年 3 月，阿里云公布了全球首个云上量子加密通信案例。5 月，由中国科学技术大学、中国科学院—阿里巴巴量子计算实验室、浙江大学、中国科学院物理所等协同完成的，世界上第一台超越早期经典计算机的光量子计算机诞生。9 月，阿里巴巴创立前沿与基础科学研究机构达摩院，量子计算成为核心研究方向之一，量子实验室负责人为前密歇根大学教授施尧耘。同年，阿里巴巴与中国科学院联合打造的量子计算云平台上线。2018年初，实验室研制的量子电路模拟器"太章"在全球率先成功模拟了作为基准的 81 比特 40 层的谷歌随机量子电路。2019 年 9 月，阿里巴巴达摩院量子实验室完成了第一个可控的量子比特的研发工作。量子计划列入阿里巴巴创新研究计划 AIR。阿里巴巴达摩院南湖项目总投资约

200 亿元，主要研究方向包括量子计算。目前，阿里巴巴已发布首个开源大规模量子模拟平台，量子引擎"太章 2.0"，以支持从业人员设计量子硬件、测试量子算法，并探索其在材料、分子发现、优化问题和机器学习等领域内的应用。

二、发展策略

阿里巴巴的量子计算路线为以硬件为核心的全栈式研发。硬件方面，在初步完成实验室的搭建之后，目前已经进入了原创性研究的阶段。阿里巴巴在云上量子模拟一直处于领先地位，虽然目前阿里巴巴在物理平台上的开发还处于瓶颈期，但随着阿里巴巴近年开始的对硬件研发的大规模投入，有望在不久的将来迎来突破。阿里巴巴量子计算实验室目前的主要研究方向是设计和实现量子处理器、量子存储和量子计算系统。预计到 2030 年，研究将突破大规模量子计算机的芯片工艺，全面实现通用量子计算功能，并应用于大数据处理等重大实际问题。

第三节　国盾量子

一、总体情况

科大国盾量子技术股份有限公司（简称"国盾量子"）成立于 2009 年，是中国量子科技领域首家 A 股上市企业。公司总部设在合肥，主要从事量子保密通信产品的研发、生产、销售及技术服务，为各类光纤量子保密通信网络以及"星地一体"广域量子保密通信网提供软/硬件产品，推动量子保密通信网络和经典通信网络的无缝衔接。公司是中国信息协会量子信息分会会长单位、中国量子通信产业联盟发起单位，同时担任中国通信标准化协会量子通信与信息技术特设任务组——量子通信工作组组长。

公司技术起源于中国科学技术大学，目前已逐步成长为全球少数具有大规模量子保密通信网络设计、供货和部署全能力的企业之一。公司是世界首条远距离量子保密通信干线"京沪干线""国家广域量子骨干网（一期）"等项目的量子设备提供商，参与"墨子号"量子卫星保密

通信地面站的建设。截至 2020 年，国内共有 7000 余千米实用化光纤量子保密通信网络，其中超过 6000 千米使用了国盾量子产品并处于在线运行状态。同时，相关专利已在合肥城域量子通信试验示范网、济南量子通信试验网、济南市党政机关量子通信专网、融合量子通信技术的合肥市电子政务专网、量子保密通信"武合干线"等多个项目中成功运用，有力推动了量子通信技术在政务、金融、能源等有信息安全需求的领域的应用发展。先后承担科技部 863 计划、多个省市自主创新专项、省市科技重大专项等项目，并作为量子技术国内外标准制定主力，牵头国内外标准项目 13 项，参与 27 项。截至 2021 年年底，国盾量子在量子通信相关领域公开的同族专利数量排名全球首位。

二、发展策略

国盾量子将进一步加大自主研发，推动核心器件和研发设备的全国产化。在研发投入方面，国盾量子保持了一如既往的高强度。2021 年，公司研发投入达 9102 万元，同比增长近五成，占营业收入的比例高达 50.81%，较 2020 年度上升 5.42 个百分点。由于美国商务部于 2021 年 11 月将国盾量子及上海子公司列入了"实体清单"，为此，国盾量子将进一步加码自主研发，强化关键核心技术，推动量子保密通信、量子计算及测量核心器件和研发设备的全国产化，在国内量子信息产业链中的一些"卡脖子"的关键环节实现突破。当下，国盾量子正不断发展量子通信系统相关的芯片集成等前沿技术，支持下游的应用接入及二次开发，共建"量子+"产业繁荣生态。

第二十五章

人工智能企业

第一节 寒武纪

一、总体发展情况

中科寒武纪科技股份有限公司（简称"寒武纪"）是全球智能芯片的先行者，公司成立于2016年，专注于人工智能芯片产品的研发与技术创新，致力于打造人工智能领域的核心处理器芯片，让机器更好地理解和服务人类。寒武纪是目前国际上少数几家全面、系统掌握了通用型智能芯片及其基础系统软件研发和产品化核心技术的企业之一，能提供云边端一体、软硬件协同、训练推理融合、具备统一生态的系列化智能芯片产品和平台化基础系统软件。寒武纪产品广泛应用于服务器厂商和产业公司，面向互联网、金融、交通、能源、电力和制造等领域的复杂人工智能应用场景提供充裕算力，推动人工智能赋能产业升级。

寒武纪于2022年4月15日披露了2021年度报告。报告期内，2021全年，公司营业收入达到7.21亿元，较上年同期增长57.12%，综合毛利率为62.39%，较上年同期基本持平。营业收入中，智能芯片及加速卡业务贡献收入2.15亿元，同比上年增长101.01%。公司研发投入总额113574.06万元，较上年同期增长47.83%，毛利总额为44989.46万元，同比上一年度增长49.94%。

二、发展策略

作为硬实力科技企业，将引领创新发展。中国的芯片公司多集中在制造、封测等环节，设计部分也多建立在国际巨头的框架之下。而寒武纪是在自己的理论框架下，从事的是开创性的芯片设计工作。全球已有数百家企业涉足智能芯片的研发，互联网公司也纷纷选择进入智能芯片领域一显身手，无论是字节跳动的投资，还是百度、阿里巴巴、腾讯的自研芯片，看起来都没有影响到寒武纪通用智能芯片的整体商业化落地进程。近年来寒武纪已在智慧金融、智慧能源、智能交通等领域与合作伙伴共同完成了大量落地案例。作为国内首家发布云端 AI 芯片及加速卡的公司，寒武纪具有先发优势，在技术多次迭代之后，其产品已经获得众多客户的认可。

独立、中立的芯片公司定位。不同于华为海思采用的类似于苹果理念的垂直整合生态策略，寒武纪的定位是独立、中立的芯片公司，企业走的是安卓路线，只做基础系统软件，做独立芯片公司，不做应用层，避免与自身的芯片客户发生竞争，让底层芯片与系统软件都充分服务客户和开发者，这也是企业吸引许多客户的一大重要因素。

第二节　旷视科技

一、总体发展情况

北京旷视科技有限公司（简称"旷视科技"）是一家聚焦物联网场景的人工智能公司，成立于 2011 年。基于业界领先的人工智能科研与工程实力，旷视科技打造出软硬一体化的 AIoT 产品体系，面向消费物联网、城市物联网和供应链物联网的核心场景提供解决方案，持续为客户和社会创造价值。以人工智能造福大众为使命，以构建万物互联时代的人工智能基础设施为愿景，以技术信仰、价值务实为文化基因。2021 年 1—6 月，旷视科技营业收入为 6.69 亿元，主要来自该公司城市物联网和供应链物联网解决方案业务收入的快速增长；净利润为 -18.58 亿元，主要原因系优先股公允价值变动、研发费用金额较大以及股份支付

费用较高，其中优先股公允价值变动导致的对净利润的影响金额为 9.25 亿元，研发费用金额 5.76 亿元及股份支付费用 1.12 亿元，扣非净利润为 -9.29 亿元。

二、发展策略

培养备受认可的技术实力。旷视科技拥有规模领先的计算机视觉（Computer Vision）研究院。研究团队开发出了先进的算法，为世界上尖端的人工智能应用奠定了基础。2017 年以来，旷视科技在各项国际人工智能顶级竞赛中累计揽获 42 项世界冠军，创下 COCO（计算机视觉领域权威的国际竞赛之一）三连冠的记录。旷视科技是全球为数不多的拥有自主研发的深度学习框架的公司之一，自研的新一代人工智能生产力平台 Brain++，可以帮助企业快速高效地建立企业内的人工智能基础设施，以更少的人力和更短的时间开发出各种新算法，满足行业长尾需求。

引领负责任的人工智能。旷视科技致力于发展负责任的人工智能，坚持人工智能向善向上。一直以来，旷视科技以"长期主义的态度、理性的关注、深度的研究、建设性的讨论和坚持不懈的行动"为指引，秉持"不缺席、不对立，行胜于言"的原则，务实推动人工智能治理工作在旷视科技的落地。旷视科技持续推动人工智能行业可靠、可依赖、可信任的健康发展。2019 年起，旷视科技先后发布《人工智能应用准则》、成立人工智能道德委员会和人工智能治理研究院，旨在聚焦负责任的人工智能的治理探索，从正当性、人的监督、技术可靠性和安全性、公平和多样性、责任可追溯和数据隐私保护六个方面规范自身发展。

第三节　第四范式

一、总体发展情况

第四范式（北京）技术有限公司（简称"第四范式"）成立于 2014 年 9 月，是企业级人工智能领域的行业先驱者与领导者。第四范式提供

以平台为中心的人工智能解决方案，并运用核心技术开发了端到端的企业级人工智能产品，致力于解决企业智能化转型中面临的效率、成本、价值问题，从而提升企业的决策水平。第四范式现已广泛应用于金融、零售、制造、能源与电力、电信及医疗保健等领域，在中国所有以平台为中心的决策型企业级人工智能市场中排名第一。作为人工智能技术的创新者，第四范式以"AutoML"为核心，围绕多技术领域持续投入并深入探索，持续开展人工智能技术研究与应用落地，推动人工智能普及。通过完善的产学研体系，第四范式已与国际顶尖高等院校、研究机构建立深度合作关系，形成了深厚的人工智能学术积累和完善的人才培养机制。荣获"20+AI"竞赛世界冠军，具备"20+"顶级学术比赛主办权，拥有"300+"核心专利和400+顶级学术论文。2021年前三季度，第四范式服务了55家财富世界500强企业及上市公司，整体企业用户数量同比增加82.4%至186家。

二、发展策略

第四范式提供以平台为中心的人工智能解决方案，开发端到端的企业级人工智能产品。一是人工智能操作系统，包括4Paradigm AIOS-企业级人工智能操作系统、Sage App Store-企业级人工智能应用市场和4Paradigm Sage LaunchPad。二是人工智能应用开发平台，包括4Paradigm Sage Studio、HyperCycle人工智能机器学习平台和4Paradigm Sage Knowledge Base。三是人工智能业务应用，包括数智化流量运营平台和4Paradigm Smart Archive智能文档数字化。四是算力产品，包括4Paradigm SageOne-软件定义算力平台等。

第四范式将人工智能解决方案和产品广泛应用于金融、零售、制造、能源与电力、电信及医疗保健等领域。其应用涉及行业包括智慧银行、智慧保险、智慧证券、智慧零售、智慧能源、智慧医疗和智能制造。智慧银行旨在助力银行实现数智化银行战略转型发展，拓展全业务领域、全渠道、全流程的人工智能规模化应用。智慧保险旨在借助第四范式面向保险业的人工智能解决方案，实现从营销、投保、理赔到保全的全流程管理。智慧证券旨在借助第四范式强大的人工智能平台，帮助券商更准确、实时地捕捉市场动态，洞察商机。智慧零售旨在借助第四范式智

慧零售人工智能技术向零售行业提供多个落地解决方案,帮助企业提升"人货场"全面智慧化管理水平,达到新零售降本增效的目的。智慧能源旨在借助第四范式面向能源行业的人工智能解决方案,赋能能源行业生产营运智能化,助力产业结构转型。智慧医疗旨在借助第四范式面向医疗行业的人工智能解决方案,实现医疗医药企业全链路的智能化转型。智能制造旨在从实时生产的每个零件中学习,从产线运转的每台机器中洞察,通过人工智能帮助未来工厂实现从数字化到智能化的转变。

第二十六章 卫星互联网企业

第一节 中国卫星

一、总体发展情况

中国东方红卫星股份有限公司（简称"中国卫星"）是中国航天科技集团公司第五研究院控股的上市公司，于1997年成立，是专业从事小卫星及微小卫星研制、卫星地面应用系统及设备制造和卫星运营服务的航天高新技术企业。目前，中国卫星已发展成为具有天地一体化设计、研制、集成和运营服务能力的产业化集团公司，现拥有十余家子公司，形成了航天东方红、航天恒星等一系列知名品牌。在小卫星及微小卫星研制方面，已成功开发了以CAST968平台为代表的多个系列小卫星和微小卫星公用平台，截至2021年，已成功发射对地观测、海洋监测、环境监测、空间探测、科学试验等多颗不同用途的现代小卫星，同时具备部分宇航部件产品的生产能力；在卫星地面应用系统及设备制造方面，拥有地面站系统集成、卫星导航、卫星通信、卫星遥感、信息传输与图像处理五大领域20多类产品，在北斗导航、动中通产品市场占有率方面处于国内领先地位，并拥有"天绘"系列遥感卫星数据总代理权。根据最新的2021年度报告，报告期内公司实现营业收入705892.99万元，同比增长0.74%。

二、发展策略

持续发力宇航制造业务。2021 年中国卫星完成了 30 颗小/微小卫星发射任务。其中，北京三号卫星通过新一代敏捷卫星技术，快速获取高质量、高分辨率、高定位精度地面影像，大幅提高我国商业遥感卫星技术水平；海丝二号卫星具有小型化、轻量化、集成化等特点，可用于获取近海海域、浅海岛礁、江河湖泊等生态环境信息，为我国近海海域与海岛海岸带资源环境调查、海洋防灾减灾、海洋资源可持续利用、海洋生态预警与环境保护提供数据服务与支持；希望三号卫星有效推动了卫星产业与科普教育的结合；仰望一号卫星是我国首颗可见光/紫外谱段同步观测的科学天文遥感卫星。同时，小卫星及微小卫星研制任务有序推进，电磁监测卫星 02 星、新一代海洋水色卫星等数十个在研型号研制工作顺利开展，百余颗在轨卫星稳定运行，公司继续保持国内小卫星制造领域竞争优势地位。宇航部组件方面，宇航单机产品星载导航产品、空间站交换机等按计划交付；完成 50 万余片空间太阳电池生产及交付，年产量达到新高；高端紧固件完成了约 1400 万件产品生产及交付，有力保障了各类任务的研制生产。

聚焦三大领域推进卫星应用业务。在系统集成与产品制造领域，一是实现了信息链批生产任务、Anovo 系统国产电信级高通量系统、多任务一号通信卫星地面应用系统及卫星通信系统集成项目高质量推进。二是在民航北斗追踪监视设备首批加改装、商用飞机机载多模导航终端研制、北斗导航车辆改造项目、"平台+终端"的业务拓展模式等方面成效突出。三是卫星遥感方面气象卫星接收站项目、南极站、高分一站式服务平台、援外遥感卫星地面系统等项目开展顺利。在卫星综合应用与服务领域，一些重要环境动态监测、无人机系统集成与服务、应急监测项目推动顺利，行业应用逐步深入。

第二节 银河航天

一、总体发展情况

银河航天（北京）科技有限公司（简称"银河航天"）是我国商业

航天和卫星互联网的领军企业。公司致力于研发国际领先的低轨宽带卫星及卫星网络系统，打造覆盖全球的天地融合卫星网络，为用户提供低成本、高性能的天地融合泛在卫星网络服务及应用解决方案。银河航天拥有顶尖的创始团队和行业一流的技术团队。公司由知名创业者、纽交所上市公司猎豹移动前总裁徐鸣创立于 2018 年，小米集团雷军是主要投资人之一。目前已打造了一支航天、通信、互联网、人工智能、智能制造等多领域融合的一流专业团队，规模已近 300 人，其中近 70%为研发人员。银河航天是我国商业航天及卫星互联网领域第一家独角兽企业。已获得顺为资本、五源资本、IDG 资本、君联资本、建投华科、源码资本、高榕资本、南通开发区智能制造产业投资基金、混沌投资、高瓴资本、经纬中国、中金资本等投资机构支持，B+轮融资估值约 110 亿元。

二、发展策略

银河航天具有领先的技术创新能力，迈出了我国卫星互联网里程碑的一步。自主研制并于 2020 年 1 月成功发射了我国首颗通信容量达 48Gbps 的低轨宽带通信卫星，该卫星是我国目前唯一在轨运行技术指标可对标美国 Starlink 的低轨宽带卫星；创新研发了我国首套 Q/V 频段低轨卫星信关站和多型 Ka 频段卫星用户终端，构建了天地融合的低轨卫星互联网试验系统，实现了全球首次 Q/V/Ka 频段的低轨卫星互联网视频通话、我国首次多场景/多模式 5G 天地融合通信试验等一系列技术验证和应用试验。2021 年 7 月，银河航天与航天宏图签订总价为 2.15 亿元的卫星订单，预计 2022 年年底交付发射。2021 年 10 月，银河航天正式对外发布我国商业航天首款"柔性太阳翼"技术，相比传统技术在同等功率下可减少卫星 20%～40%的质量，减小 50%以上的体积，可以极大降低卫星发射成本，产品综合技术指标达到国际先进水平。银河航天自主研发的 6 颗通信卫星也将于 2022 年第一季度乘坐"长二丙"升空。6 颗卫星中有 2 颗为通遥一体卫星，可实现通信与遥感功能结合的技术验证和应用。

银河航天加快构建低成本、批量化的卫星制造及产业链。充分发挥互联网及商业化优势，银河航天融合航天和工业化的设计理念及制造能力，构建开放的卫星制造供应链体系，已初步探索出一条卫星低成本批

量化路径，并已具备年产 10 颗以上的卫星及具有载荷小批量制造示范能力，目前正在建设年产百颗的卫星智能工厂。2021 年 12 月 27 日，银河航天与合肥高新区签约遥感星座落地项目，除承担自建和委托的遥感星座运营、行业应用等工作，还包括负责配合中国电子科技集团公司第三十八研究所，完成"天仙星座"中数十颗遥感卫星的研制工作。未来，银河航天将持续引领我国卫星网络技术及产业发展，重点布局新型卫星及网络计划，充分发挥在颠覆性创新、互联网模式、市场化运作、国际化运营等方面的优势，持续研发新一代卫星及卫星网络系统。构建低成本批量化的卫星及地面终端制造能力，牵引带动新型卫星网络构建产业生态，加快推动我国乃至全球新型卫星网络基础设施建设，并立足国内，重点面向"一带一路"提供卫星网络及应用服务。

第三节　长光卫星

一、总体发展情况

长光卫星技术股份有限公司（简称"长光卫星"）成立于 2014 年 12 月 1 日，由吉林省政府、中国科学院长春光机所、社会资本以及技术骨干出资成立，是我国第一家商业遥感卫星公司。公司依托"星载一体化"等核心关键技术，建立了从卫星研发、生产到提供遥感信息服务的完整产业链。主要业务范围包括：卫星系统及其部件/组件的研发、载荷系统的研发；卫星检测系统、设备的研发；卫星地面系统的开发建设，卫星跟踪、控制、监视、显示设备的设计制造；卫星应用系统及其相关设备的设计、开发、销售；卫星相关工程的开发及承揽；卫星遥感信息产品的研发、生产、销售和相关服务；卫星设备的销售和维修服务；卫星相关的技术咨询和技术服务。长光卫星拥有一支技术过硬、专业齐全并适应公司整体发展速度的专业技术队伍。公司核心技术团队结合多年航天遥感载荷的研制经验，提出了"星载一体化"卫星设计理念，以载荷为中心的"星载一体化"技术可以做到功能强、体积小、质量轻、研制及发射成本低，符合卫星技术发展趋势，并据此开展了各项关键技术攻关。近 10 年来，坚持星载一体化的技术路线，合理统筹卫星研制

成本与性能指标，严格方案设计、元器件选型、整星测试等关键环节的质量管控，不断优化卫星研制技术流程，积累了宝贵的卫星研制经验。

二、发展策略

科技赋能紧抓自主创新。作为东北三省第一家"独角兽"企业，自2008年建设"吉林省小卫星技术工程中心"以来，始终将自主创新作为商业航天的发展密码来抓，公司围绕高性能小卫星关键技术进行重点攻关，成就了长光卫星的发展。2015年，由公司自主研发的"吉林一号"组星成功发射，开创了我国商业卫星应用的先河，同时也创造了由一个研发团队一箭成功发射四星的历史。2019年，长光卫星第三代卫星"吉林一号"高分03卫星成功瘦身，成本缩减为第一代卫星的1/10。2022年2月和5月，"吉林一号"陆续发射了"吉林一号"宽幅01C星、"吉林一号"高分03D10~18、"吉林一号"高分03D 27~33等18颗卫星，使"吉林一号"在轨卫星数量增至54颗，成为我国目前最大的商业遥感卫星星座。长光卫星以"建立基于互联网的遥感信息平台、不断推出创新性产品"为目标，通过不懈的技术创新，先后攻克基于先进光学载荷的卫星设计技术、大口径轻量化空间载荷制造及装调技术等难题，创造了我国第一颗自主研发的商用高分辨率遥感卫星，国际上第一颗米级高清彩色视频卫星，我国第一颗以省的名义冠名的卫星等多项第一。目前，长光卫星拥有360多件专利申请，其中授权发明专利超过130件。

多点支撑打造产业新布局。以"吉林一号"卫星项目为核心的航天信息产业园，拥有从卫星研发、生产、检测、试验、运营以及数据应用开发等全产业链的成熟技术优势和业务基础。近年来，长光卫星借助航天信息产业园从社会影响、技术研发和人才培养等方面打造多点支撑的新型产业布局。一方面，长光卫星致力于对外开放航天科普教育，产业园区先后被中国科学技术协会、吉林省教育厅、吉林省科技厅等单位授予全国科普教育基地、全民科学素质工作先进集体、吉林省首批普通高中学生综合素质评价社会实践基地、吉林省科普工作示范基地等，与吉林大学、空军航空大学等院校签订社会实践教育活动协议书等。另一方面，长光卫星先后攻克基于先进光学载荷的卫星设计技术、大口径轻量化空间载荷制造及装调技术等难题，创造多项第一。此外，长光卫星注重发现和培养更多高层次复合型人才和高素质技能人才，目前，长光卫星内部"90后"员工占比超过80%，硕士、博士生占比达85%。

开拓市场带动上下游企业发展。长光卫星依托"星载一体化"等核心关键技术，建立了从卫星研发与生产到提供遥感信息服务的完整产业链，带动相关产业加速发展。项目上游，以奥普光电、长光宇航以及长光辰芯等为代表的200余家企业为"吉林一号"卫星配套生产所需的相机反射镜、卫星姿态轨道控制部件、相机结构件、CMOS高性能图像传感器等关键核心部件。项目下游，加大产品创新业务应用，努力推进政府、科研院所、行业用户以及大众消费者的数据采购和遥感信息服务项目，逐步探索推动遥感数据与5G通信、云计算、人工智能等新技术融合。

第四节　航天宏图

一、总体发展情况

航天宏图信息技术股份有限公司（简称"航天宏图"）成立于2008年，是国内领先的卫星运营与应用服务提供商，是科创板首批上市企业。公司研发了具有完全自主知识产权的遥感软件 PIE（Pixel Information Expert），拥有国内首个遥感云服务平台 PIE-Engine，实现遥感基础软件的国产化替代，为政府、企业、高校以及其他有关部门提供基础软件产品、系统设计开发、遥感云服务等空间信息应用整体解决方案。航天宏图在全国设有50余个分支机构，在西安、成都、武汉、南京建立了研发中心。公司现有员工1600余人，其中博士80余人、硕士500余人，包括百人计划在内的海外留学归国人才及行业专家100余人，工程技术人员占80%以上。拥有国家重点高新技术企业、双软企业、CMMI L5、测绘甲级（含导航电子地图制作）、系统建设和服务能力评估4级等资质，以及40余件发明专利和400余项软件著作权。公司基于自有基础软件平台和核心技术，独立承担和参与了一系列国家重大战略工程；服务自然资源、生态环境、应急管理、气象、海洋、水利、农业等多个行业部门，提供系统咨询设计、全流程全要素遥感信息分析处理，支撑政

府机构实施精细化监管和科学决策；服务金融保险、精准农业、能源电力、交通运输等企业用户，提供空天大数据分析和信息服务；为其他有关部门提供目标自动识别、精确导航定位、环境信息分析等服务。

二、发展策略

自主研发新型软件平台。PIE 是公司 10 余年来持续投入自主研发的国产新一代遥感与地理信息一体化软件。产品覆盖了多平台、多载荷遥感数据的全流程加工处理与应用分析功能，可提供面向航天、航空等多源异构遥感影像、点云等数据的预处理、高级处理、解译分析、专题产品生产以及可视化表达等一体化解决方案，广泛应用于气象、海洋、水利、农业、林业、国土、减灾、环保等多个行业和领域。公司以平台切入市场，通过二次开发覆盖多个行业，复用效率高。平台拥有"微内核+插件式"的软件架构，形成了一套 SDK 二次开发包，工程化程度高，有能力承担大型遥感应用解决方案的定制。相比于对各个行业单独设计研发产品，"平台+行业插件"的方式能有效降低成本，减少研发投入，具有更高的复用效率。

深度参与环保部和民政部联合研制的环境与灾害预报小卫星星座地面应用系统建设。2009 年，公司参与国家资源三号（ZY-3）卫星地面应用系统建设；2010 年，公司参与资源 1 号 02C1 星的地面应用系统建设；随后，公司还参与了高分系列卫星的地面应用系统建设；2015 年，《国家民用空间基础设施中长期发展规划（2015—2025 年）》发布，明确提出亚米级高分辨率遥感卫星星座要实现商业化运营。在这一年中，公司乘上行业东风，承担了风云海洋气象卫星、陆地观测卫星等国家级应用系统的建设。在 2008—2018 年发射的 30 颗政府建设遥感卫星中，公司为其中的 23 颗卫星提供了地面应用系统设计。公司在持续对接行业用户的同时，也在不断提升 PIE-Engine 平台的标准化程度及性能，实现了版本的持续迭代。

紧抓行业数字化转型发展机遇，拓展下游业务场景。积极探索以 PIE-Engine 时空云计算平台为核心的云服务业务，现已形成"核心系统平台+行业深度应用+产业数字化、信息化服务"稳定的商业模式，打造了空间基础设施规划与建设、"PIE+"行业、云服务三大产品线，实现

了业务由中游向下游的延伸。其中航天宏图在空间基础设施规划与建设方面的业务已延伸到感知能力、数据中心在内的新型基础设施建设，逐步承担国家信息基础设施、融合基础设施、创新基础设施建设的新任务。"PIE+"行业产品线对标 Google Earth 数字地球平台，在持续拓展气象海洋、生态环境、自然资源等优势行业应用的基础上，重点提升了特种行业、应急管理等领域卫星应用服务热点市场的深度和广度。同时，航天宏图坚持加大云服务产品线研发投入和推广力度，通过 PIE-Engine 平台高效的云计算和集成处理能力，面向大众提供气象灾害预警、空气质量实况、疫情监测报告实时支持等服务，为大众健康状况，生命财产安全保驾护航。

第二十七章

元宇宙企业

第一节 小鸟看看

一、发展情况

2015年4月,北京小鸟看看科技有限公司(简称"小鸟看看")成立,致力于研发虚拟现实(VR)、增强现实(AR)内容及应用,打造覆盖产业上下游,为消费者提供从端到端的产品与服务全体验。团队已逾300人,在北京、青岛、美国旧金山湾区、东京等多个国家与地区设有分部。公司配备的销售和服务支持团队,为客户提供完整的VR/AR解决方案。

2015年12月,小鸟看看推出Pico 1 VR头盔与Pico VR VR App及Pico行业解决方案。2016年4月,推出VR一体机——Pico Neo DK。2017年5月,推出手机盒子产品Pico U,升级版分体式VR一体机Pico Neo DKS,旗舰一体机产品Pico Goblin以及VR追踪套件Pico Tracking Kit;同年12月,量产头手6DoF Pico Neo VR一体机。2018年7月,高通骁龙835芯片的Pico G2 VR一体机发布;Pico获得1.675亿元A轮融资。2019年5月,高通骁龙835芯片的4K屏幕显示VR一体机——Pico G2 4K发布。2020年3月,第二代高端6DoF一体机——Pico Neo 2正式推出。

二、发展策略

体系化布局VR终端产品解决方案。面对C端(消费端)市场,聚

焦消费者游戏与影音娱乐场景，为终端用户提供 VR 和 AR 一体机产品。与运营商共同为终端用户提供 VR/AR 一体机产品，致力于打造基于 5G+VR 的升级体验。以"VR+AR+AI"为核心针对垂直行业搭建行业客户、开发者生态，积极为 B 端（企业端）领域行业提供产品、应用技术、行业一体化解决方案。聚焦教育、娱乐、展览展示等核心行业。

打造影像体验的核心竞争力。公司的产品主要包括硬件产品、C 端软件产品以及开发者支持平台。硬件产品方面，Neo 系列产品、G 系列产品、Pico G2 4K 是公司最具代表性的硬件产品，以 Pico G2 4K 为例，用户可以使用 Pico G2 4K 在 Pico 自研巨幕影院中选座观影，也可以在多人影院中边看边聊，还可以体验 3DoF VR 游戏。软件产品方面，C 端软件产品包括 Pico UI、手机助手等，Pico VR 助手是一款辅助 Pico VR 头盔的手机应用，Pico 用户报名可线上观影活动、参加游戏约战，加入 Pico VR 社区讨论，辅助连接 VR 头盔的 Wi-Fi，网站推送到一体机内浏览、下载一体机内的截图等。开发者支持方面，公司推出 Pico VR 开放平台，为面向开发者和终端用户，提供 VR 内容的开发、创建、分发和运营服务。一方面，为终端用户提供 Pico Store，实现应用分发和运营。支持多地区，多型号设备和多渠道的定向分发；另一方面，Pico 还提供面向特定客户的定制化 Store，满足合作伙伴独立进行内容运营的需求。

第二节　大疆

一、发展情况

深圳市大疆创新科技有限公司（简称"大疆"）成立于 2006 年，已发展成为空间智能时代的技术、影像和教育方案引领者。成立 15 年间，大疆的创新业务从无人机系统拓展至多元化产品体系，在无人机、手持影像系统、机器人教育等多个领域，成为全球领先的品牌，以一流的技术产品重新定义了"中国制造"的内涵，并在更多前沿领域不断革新产品与解决方案。以创新为本，以人才及合作伙伴为根基，思考客户需求并解决问题，大疆得到了全球市场的尊重和肯定。公司在 7 个国家设有 18 个分支机构，销售与服务网络覆盖全球 100 多个国家和地区。

2015 年 2 月，美国著名商业杂志《快公司》评选出 2015 年十大消费类电子产品创新型公司，大疆是唯一一家中国本土企业，在谷歌、特斯拉之后位列第三。2015 年 12 月，推出一款智能农业喷洒防治无人机——大疆 MG-1 农业植保机，正式进入农业无人机领域。2019 年 10 月，大疆发布"御 MavicMini"航拍小飞机，具有可折叠设计、249 克机身质量、1200 万像素、30 分钟的单块电池续航时间等性能。

二、发展策略

聚焦无人机与影像系统打造产品体系。大疆自创立之初，从第一代飞控系统到无人机系统和手持影像系统，消费级产品已远销超过 106 个国家和地区。旗下的无人系统，即御 Mavic 系列、悟 Inspire 系列、晓 Spark 系列和精灵 Phantom 系列；手持影像系统，即灵眸 Osmo 系列和如影 Ronin 系列，以及配套的 DJI FPV 系列和相机云台系列，产品覆盖了电子消费、摄影器材、户外运动、百货家电、玩具潮品、电信运营等众多渠道。

垂直拓展教育领域行业应用。大疆致力于将前沿科技与教育结合，用有趣的方式，让更多年轻人接触科技教育，激发学习的热情，在实践中成长。从 2013 年首次举办 RoboMaster 大学生夏令营开始，历经多年的探索与沉淀，大疆逐渐形成了以机器人为核心，集产品、课程、赛事于一身的教育体系。从面向高校学生的机甲大师赛和 AI 机器人，到面向中小学群体的机甲大师 S1 教育机器人、机甲大师 EP 教育拓展套装、青少年挑战赛、高中生假期营，大疆正一步步开拓多种场景下不同年龄段的机器人教育市场，打造一条覆盖教育成长阶段的创新人才培育链路，让每一位青少年都能享受系统化、高品质的工程教育。

垂直拓展农业领域行业应用。大疆自 2012 年开始将无人机技术应用于农业领域，并于 2015 年设立大疆农业品牌。基于领先的无人机产品与多年的技术积累，大疆农业联合合作伙伴，共同构建了以人才培养、产品提升、药剂优化、技术升级为核心的飞防生态。旗下的 MG 系列、T16 植保无人飞机、T20 植保无人飞机、多光谱无人机 P4M、农田测绘无人机 P4R、大疆智图、大疆农服 App 等产品，在多个种植区域实现了应用。截至 2020 年 11 月，大疆农业全国市场保有量为 7 万台，全球作业面积累计 6 亿亩次，并培训超过了 4 万名专业持证植保飞手。

学 院 篇

第二十八章 未来产业学院

第一节 北京大学前沿交叉学科研究院

一、主要概况

北京大学前沿交叉学科研究院（AAIS）于2006年4月正式成立，在全国高等院校中率先开辟了跨学科研究的试验田，对北京大学的学科建设、科研发展和人才培养等都具有十分重要的意义。作为北京大学跨学科学术研究与人才培养的主阵地，前沿交叉学科研究院以北京大学雄厚的基础学科和先进的技术学科为基础，通过探索科研与管理机制创新、推动基础条件建设、招聘和引进优秀科研人才、组织学术交流与研究项目申请等工作，有力促进全院体制建设、学科建设和队伍建设。目前，研究院已建成具有良好学术交流环境、学科前沿性与学科交叉性相结合、实体与虚体相结合的交叉学科研究平台，为北京大学的交叉学科研究创造了良好的学术氛围和研究条件，挺立于中国乃至全世界交叉学科发展的潮头。

二、最新进展

1. 生物医药

北京大学生物医学跨学科研究中心旨在推动医学部与校本部基础学科及应用学科之间的学科交叉。该中心将基础、应用和临床科学的前

沿研究结合在一起，促进整个生物医学领域从分子尺度到人类器官尺度的未来新发明、新发现与技术创新。中心的三大重要任务：促进医学与基础和技术学科间的学术交流、培养具有交叉学科背景的新型人才、开展生物医学相关的跨学科研究工作。

2. 脑科学

脑科学与类脑研究中心旨在认识脑、制造脑和脑健康3个方面开展高水平基础研究。成立脑科学与类脑研究中心的重要目的是组织校内相关单位，加强国内外合作，以神经科学和信息科学交叉融合和相互促进为特色，以脑解析和脑仿真为基础突破口，在神经计算机和新一代人工智能、脑健康和生物医药等方面取得重大应用突破。中心目标：通过10年左右的努力，全面解析大脑神经元和突触的物理化学特性和功能响应特性，绘制出刻画大脑复杂连接关系和动态运行机理的"大脑地图"，设计高精度模拟神经元和突触等基元功能特性的微纳光电器件，研制出基元密度规模和网络结构类似人脑的神经形态芯片和"结构类脑、性能超脑"的感知芯片，开发出信息处理逼近人脑的神经计算机，建成支持大规模脑网络动力学分析和意识研究的大脑"同态实验平台"，支持神经科学、认知科学、信息科学、智能科学、精神医学及人文和社会科学的交叉研究。

3. 大数据

大数据科学研究中心着力于数据科学研究和教育发展研究。北京大学大数据科学研究中心已搭建数据科学研究的交流合作平台，进行数据科学人才培养模式和特色交叉课程设置，不断总结经验，探讨交叉科学的科教结合范式。中心现设数据分析的模型与算法、数据挖掘方法、大数据软件技术、大数据安全技术、健康医疗大数据、生命科学大数据、地理时空大数据、交通大数据、金融大数据、环境能源大数据等研究方向。

4. 纳米技术

纳米科学与技术研究中心是最早开展纳米科技研究的单位之一。

1997年9月率先成立的跨院系、跨学科的纳米科学与技术研究中心，整合了化学学院、信息学院、物理学院以及生命科学学院的纳米科技研究力量，大大加强了纳米科技公共实验平台建设。

第二节　清华大学未来实验室

一、主要概况

清华大学未来实验室成立于2017年12月。未来实验室的成立是清华大学科研机制改革和推动跨学科交叉的重大举措。作为清华大学面向未来的技术孵化器、思想脑库和未来科学的探索者，未来实验室本着不断创新、探索未来领域、突破学科壁垒的使命感，深入开展跨学科交叉研究与学术交流，产生引领性原始创新重大研究成果，推动学科建设和发展。以"计算、传播、媒体、艺术汇聚合一"为愿景，通过"原创性、交叉性、颠覆性"的无疆界技术创新，对人类认知、互动、逻辑产生变革，促进人、机、物融合社会发展，借由文化、创业家精神融入，推动产业跨越式引领发展。未来实验室力争成为在全球范围具有一定学术、产业和社会影响力的、国际一流水平的交叉学科实验室。

未来实验室专注于人、机、物融合的前沿研究，特别是将聚焦在多感知（听觉、视觉、触觉、嗅觉、味觉）人机交互及新型材料交互领域。具体包括：人场交互、通用型集群机器人平台等人、机、物融合及其前沿探索；纳米复合材料生物性研究等未来材料与设计；面向老年用户的人像参数化设计研究等老年用户体验及服务系统设计；梦境可视化、神经美学等感知与意识研究；文化创意与融媒体的多通道应用等文化创意设计研究；ProjectX教学研究项目等终身学习研究。

二、最新进展

未来实验室的中心机构主要包括一个前沿探索团队，进行人、机、物融合及其前沿探索；三个研究中心，即未来材料与设计研究中心、老龄用户体验及服务系统设计研究中心、感知与意识研究中心；两个联合实验室，即文化创意研究中心、终身学习实验室。

1. 人、机、物融合及其前沿探索

"人、机、物"三要素融合计算及其相应的前沿探索研究，是人工智能时代交叉学科发展的前沿领域和重要方向，具有广泛的应用前景。清华大学未来实验室正在综合利用人类社会、信息空间和物理世界的资源，通过人工智能、人机交互、机器人、物联网、"5G+"、情感计算、云计算、大数据等前沿技术，开展以下几个子研究课题：通用型集群机器人平台、嗅觉相关应用研究、智能家居与情感计算研究、人屋交互下的建筑空间游牧性研究、人场交互、全景漫游虚拟商城的交互设计、农产品自动检测与分拣机器人研发、美妆自然交互体验设计研究、基于情感计算的交互设计、沉浸式人地触感交互研究。

2. 未来材料与设计研究中心

清华大学未来材料与设计研究中心（FMD）致力于建成一个跨越学科壁垒，发展与生物医疗、环保科技、新能源、人工智能等领域的交叉研究，推动新型材料及新工艺的应用。具体研究方向：在纳米材料领域，研究具有高效的光催化抗菌抗病毒纳米材料及其在金属、陶瓷表面的涂层技术，有望用于电梯、交通设备、生物医疗、污水净化等设施，守护人类和环境的健康。为响应国家碳达峰、碳中和的可持续发展战略，开展固废资源化的研究。在新能源材料领域，针对燃料电池的电极材料，通过表面和界面设计，有望提高能源转换效率和使用寿命。在机器人制造领域，通过轻量化复合材料的应用和3D打印技术，优化结构设计，有望实现感-联-知的一体化，大幅减轻机器人驱动器质量，从而降低相关成本，扩大机器人在建筑、护理、餐饮、智慧农业等领域的推广。

3. 老龄用户体验及服务系统设计研究中心

清华大学未来实验室老龄用户体验及服务系统设计研究中心（AeX）致力于吸收融合最新的软/硬件技术来解决老龄用户在数字环境中面临的痛点，如健康咨询难、行动不便以及对电子产品的使用困难等。硬件层面：致力于通过打造一个可以实时观测老龄用户日常起居的行为模式、生理、心理等全方位数据的智能型实验环境。通过融合传感器领域先进的成熟技术来尽可能广泛地收集有利于老龄用户的产品及服务开发的数据。软件层面：基于硬件环境的搭建，将各类传感器收集到的数据通过编码整合来对实验对象达到更深层次的理解，进而通过与心理学、社会学、行为科学、医学等领域的融合来设计能解决老龄用户室内环境所面临的各项问题的综合型智能交互平台。

4. 感知与意识研究中心

清华大学未来实验室感知与意识研究中心（RCPC）专注于多通道感知与意识呈现的交互设计研究，目前包括音乐可融化、梦境可视化与神经美学三个研究方向。音乐可融化：在联觉通感、感官代偿、触觉情感等理论基础上，开展以触觉通道为主的跨通道感知融合与交互研究。梦境可视化：致力于对人的潜意识、无意识状态下的隐性认知状态进行显性化呈现。神经美学主要为艺术、心理学和生物学三大学科领域的交集，主要研究艺术审美的神经机制，即对审美活动激活的脑区及其相互关系的认识，从神经生理学的角度为美学问题提供新的研究角度和解释框架。

第三节　北京航空航天大学未来空天技术学院

一、主要概况

2021年7月，北京航空航天大学未来空天技术学院正式揭牌成立。北航是新中国空天领域的发源地、空天科学家的摇篮，培养新型复合型创新人才，需要在建设未来空天技术学院后续的实践中不断探索、不断学习、不断总结、不断提高，把技术上的创新、科学上的突破、工程中的实践与学院的教育教学很好地结合贯通，为未来空天领域技术研究发展、重大工程实施、航空航天强国建设奠定人才基础。

北航未来空天技术学院实施八年制本博贯通（本硕博连读培养）、定制化学研一体。汇聚校内外优质教学科研资源，聘请空天信融合领域的院士、总设计师等担任学生导师，开设名家精品课、大师讲座课、微纳研讨课，打造历时一年的新型科研项目课程，强化数理人文思维基础、注重学科专业交叉融通、本博贯通、因材施教、多元评价、动态流转，塑造面向未来的知识和能力结构，培养德、智、体、美、劳全面发展的复合型、创新型领军人才。

二、最新进展

1. 空天信息

北航未来空天技术学院 2021 年启动本科招生，专业是工科试验班类（未来空天领军计划），强化空天信融合、理工文医交叉的学科融合生态，突出打破传统专业壁垒，面向全校信息大类、航空航天大类国家一流本科专业建设点等优势专业，根据个性化培养方案的达成度确定本科专业。低年级强化思想、知识和思维基础，高年级根据未来空天技术方向定制个性化的培养方案，突出目标牵引、需求牵引，注重研中学、学中研，培养创新和实践能力。学院汲取北航书院制教育管理模式精髓，打造符合学科专业交叉融通规律的书院特色，强化书院文化育人优势。

北航未来空天技术学院瞄准未来 10～15 年的前沿性、革命性、颠覆性技术发展，面向未来航空、航天技术发展趋势以及共性科学问题和关键技术突破需求，在引领科技革命趋势的未来新概念飞行器技术、服务人类未来发展需求的空间开发技术、支撑国家空天战略任务的基础科学与前沿技术等方向上，坚持创新驱动，坚持"厚植情怀、强化基础、突出实践、科教融通"的人才培养方针，按照"厚基础、重交叉、深浸养、强协同"的建设理念，厚植"空天报国"情怀，强化空天信融合，深化科教融通、产教融合，培养一批引领未来空天科技发展，具有想象力、洞察力、执行力、领导力等核心素质，德、智、体、美、劳全面发展的未来空天系统大师，探索拔尖创新人才培养的"北航范式"。

第四节 东北大学未来技术学院

一、主要概况

2021 年 5 月教育部办公厅下发通知，正式公布首批未来技术学院

名单，东北大学未来技术学院成功入选。东北大学未来技术学院聚焦未来工业智能领域。学院以东北大学"世界一流"为目标的信息学科为依托，坚持以立德树人为根本、以新工科建设为内涵，聚焦未来工业智能领域，以未来工业智能新技术发展为重点，探索革命性、颠覆性技术，培养具有前瞻性、能够引领未来工业智能的科技创新领军人才，改革创新形成高质量工业智能人才培养模式，推动我国未来工业智能关键技术突破和产业生态构建。学院瞄准制造业技术颠覆和产业变革，通过控制科学与工程、计算机科学与技术、软件工程、机器人科学与工程等一流学科和一流专业的交叉融合，探索未来科技创新领军人才培养新范式，着力培养立足未来、追求真理、勇攀高峰，具有服务国家、造福人类的责任感、使命感，掌握未来工业智能原创技术的创新性领军人才，推进东北大学"双一流"建设再上新台阶，有力增强民族产业核心竞争力。

二、最新进展

学院面向我国工业制造领域由自动化向智能化转型升级的国家重大发展战略需求，瞄准人工智能、智能制造、工业信息化、知识自动化等领域，努力培养具有人工智能、自动化、计算机等综合专业背景，掌握覆盖"人文数理基础—交叉学科专业—工业现场实践—原创技术研究"的未来工业智能理论、方法、技术与工具，具备"创新性思维、批判性思维、直觉思维、多学科融合、跨文化沟通、0—1 突破、融会贯通、领导协调、独立研究、团队合作"的综合素质，具有前瞻性、能够引领未来发展的科技创新领军人才。学院依托现有的国家级电子实验教学示范中心、国家级计算机实验教学示范中心、国家级软件工程实验教学示范中心和东北大学机器人工程实验教学中心，建立 4 个联合实验室，为学院人才培养提供校内实验教学平台和资源。同时，还建立 1 个交叉学科联合实验室，即未来工业智能校管实验室，统筹实验室整体资源，服务于新一代信息技术人才培养。在企业方面，共建人才实习基地，开展人工智能实训，建立专业实验平台，设置创新实践项目，为学院人才培养提供校外产业实践教学平台和资源。

第五节　哈尔滨工业大学未来技术学院

一、主要概况

2021年5月，哈尔滨工业大学未来技术学院入选教育部首批未来技术学院名单。哈尔滨工业大学未来技术学院将重点建设突出未来技术特点、学科基础雄厚且与学校发展规划一致性的人工智能、智能制造和生命健康3个技术方向，依托国家一级重点学科、国家一流专业建设点、国家省部级重点实验室作为支撑，强调交叉融合、重构学科边界和课程体系，强调科研育人、实践育人和科教融合育人，促进领域融合创新。学院立足哈尔滨工业大学理工强校、航天名校的资源优势，针对我国创新型国家发展建设需求，面向未来科技产业发展，聚焦未来革命性、颠覆性技术人才需求，致力于在学校传统优势专业、新增工科专业的基础上，融入工程教育新理念，按照教育部关于未来技术学院的设想，结合学校发展，强化全校一盘棋的系统整合提升，构建学科专业新结构，实施分类发展新体系，探索人才培养新范式，追求教育教学新质量，深化多元主体协同育人，推进实施产学深度融合、多学科交叉融合，搭建跨学院、多学科、开放办学的教育培养新平台，着力培养具有前瞻性、能够引领未来发展的科技创新领军人才，推动"中国制造"向"中国创造"转型升级，为建设高等教育强国，实现中华民族伟大复兴奠定坚实基础。

二、最新进展

1. 智能制造

与地方合作建立新学院，联合培养未来科技优秀人才。近年来，随着教育事业的蓬勃发展，很多地方与高校都在寻找新的突破。2021年10月，在2021太湖人才峰会的开幕式上，江阴市与哈尔滨工业大学达成合作协议，将在江阴市建立新的未来技术相关学院。江阴市有着非常雄厚的产业链，正在打造制造业科创中心。新的学院将带动当地产业的进一步发展，也能够为广大学生及教师提供更好的发展平台空间。哈尔滨工业大学威海校区也计划以"虚拟学院"的形式将新工科专业与新基

建相关专业联合，以项目学习为牵引，助力打破学科、学院壁垒，突破学生知识结构和培养模式常规，实现学科大交叉、培养方案再优化，为学生成长提供更多机遇和更广阔的舞台。未来技术学院建设是新工科再深化的重要一步，将以未来技术学院深化新工科专业建设，以新工科建设带动传统学科发展，实现校区整体实力再提升。

2. 人工智能

跨校区、跨学科、跨模式发展人工智能研究，共建新型研发机构。哈尔滨工业大学人工智能研究院成立于2018年5月，是哈尔滨工业大学跨校区、跨学科、跨模式筹建的新一代人工智能科研机构，并于2019年8月在深圳校区成立哈尔滨工业大学（深圳）国际人工智能研究院。研究院是黑龙江省和哈尔滨工业大学重点共建单位，目前拥有三个黑龙江省"头雁"团队，"物联网智能技术"工业和信息化部重点实验室和"人工智能黑龙江省协同创新中心"等科研平台，共建"哈尔滨工业大学人工智能研究院有限公司"新型研发机构，形成以人工智能示范工程为引领的"AI+"赋能创新落地模式。目前已经和微软、英伟达、华为、阿里巴巴、腾讯、科大讯飞、康佳等国内外知名企业建立了深度合作关系或联合实验室，共同开展学术交流、科研攻关和人才培养。

第六节 上海交通大学未来技术学院[①]

一、主要概况

2021年5月，教育部办公厅公布了首批未来技术学院名单，包括上海交通大学未来技术学院等在内的12所国内高校入选。8月19日，上海交通大学未来技术学院正式揭牌成立，学校将整合校内外各种优质资源，依托相关理工、医学等优势学科，聚焦未来能源和未来健康技术，开设可持续能源、健康科学与技术专业。相关资料显示，未来技术学院

---

① 创新驱动发展 教育塑造未来，记者王阳，《上海科技报》，2021-08-25。

旨在建立一支在前沿交叉与未来技术领域具有重要影响的国际化高水平教师团队，打造若干国际化前沿交叉科研和教学平台，培养符合时代发展与国家未来需求的国际化、复合型科技创新领军人才，开展国际科研合作，聚焦前瞻性、基础性前沿学科，强化学科交叉融合，取得有重大影响力的原创性、突破性成果，建成高度国际化、信息化、智能化的管理服务支撑体系。学院将开展一系列模式创新，一是全面改变"用过去的知识教育现在的学生服务未来的发展"的传统思维，在人才培养理念上从面向当前转为面向未来，把能力的培养融入整个人才培养过程中，建立以学生为中心、以学生能力培养为导向的人才培养体系。二是开展 E3（Experiential Engineering Education）体验式工程教育，在传统的课程教育模式基础上，加强基于科研和实践项目以及课外活动的学习方式，聚焦学生数理知识的应用、工程问题的解决、创新设计、合作沟通、领导、批判性思维、人文素养、职业道德、社会责任意识、终身学习等能力的培养。三是不断探索国际合作新模式，拓展国际合作新领域，与合作学校共建国际联合研究中心，开展科研教学合作，完善国际化管理服务体系，选派优秀学生去国外一流实验室联合培养，展开科研合作。四是打造深度的校企合作人才模式，与相关合作企业共建课程所需的系列教学实验室，实行学校和企业的双导师制，让学生深入企业开展科研、实践。

引导首只首期预计规模 10 亿元的未来产业母基金。2021 年 10 月，上海交通大学未来产业母基金宣告启动，该基金依托上海交通大学深厚的科技成果转化要素和庞大的校友创业基础，发挥母基金的杠杆作用和乘数效应，吸引社会资本和国有企业、金融机构、地方政府等共同参与，通过设立母基金、直投基金等，用市场化的办法，重点支持上海交通大学背景的种子期、成长型科创企业发展，首期预计规模 10 亿元，将使学术界、创业界和创投界耦合起来，围绕创新、创业、创投三要素打造生态，在促进校友企业发展的同时有力地推动学校科技成果转化。事实上，在未来产业母基金成立之前，上海交通大学就已经涉足投资领域，出手了好几家校友创办的机构。早在 2001 年，上海交通大学教育发展基金会正式成立，截至 2020 年基金会资产规模逾 17 亿元。

二、最新进展

1．前沿交叉学科

创办"未来科技论坛"促进学科的有效交叉融合。2020年，上海交通大学创办"未来科技论坛"，主要目的：活跃、引导老师们寻找重大科学问题；鼓励研究人员潜心钻研，取得标志性重大科研成果；通过研讨挖掘和培养青年科研人员。"未来科技论坛"将集合全校的智力资源和优势学科，围绕国家战略、国际前沿、学校规划以及各类创新突破，开展层次丰富、形式多样的学术讨论，以促进学科交叉融合，助力科研发展。近年来，"未来科技论坛"聚焦前沿科技和交叉学科，引领学科发展和未来科研趋势，是非常好的载体与形式，也必将助力新兴学科的发展，已举办了"半导体合成生物学""中子小角散射表征技术""未来糖科学"等一系列研究，鼓励各类奇思妙想和学科交叉，选择具有变革意义的创新理念作为后续主题，通过对前瞻科学问题的讨论，推动交叉研究与前瞻策源。

2．新能源和生命健康

致力于创建未来能源和未来健康技术领域国家实验室。2022年1月，上海交通大学与宁德时代未来能源研究院开展创新合作，着力打造科研创新和人才培养相结合的前沿平台，攻关一批面向未来的新能源领域前瞻性技术，创建未来能源和未来健康技术领域国家实验室。远期将建设成为全球未来能源创新中心，助力上海打造未来能源领域生态体系，成为全球知名的新能源技术创新策源地与产业集聚地。

第七节 东南大学未来技术学院[①]

一、主要概况

2021年5月,东南大学未来技术学院入选首批教育部未来技术学院名

---

① 东南大学入选首批建设单位，融媒体记者：谈洁，通讯员：李智轩，《南京日报》，2021-05-27。

单，学院以拔尖创新人才培养示范区——吴健雄学院为依托进行建设，围绕国家战略需求和未来技术发展的特点，充分发挥东南大学电子信息领域前沿研究的优势和吴健雄学院面向未来培养拔尖创新人才的改革经验。学院聚焦芯片设计、信息材料、未来通信、智能感知4个方向中的未来技术，立足"中国特色、全球视野、面向未来、引领发展"，构建"坚持思想引领、强化通识教育、夯实领域基础、注重交叉融通、延拓未知挑战"的本博贯通的一流人才培养体系，全面实施"三制五化"育人创新模式，深入推进基于大工程/大项目/复杂问题的研究型学习方式，深化与行业龙头企业的产学研合作，进一步引入全球优质教育资源，通过长聘短聘结合、校内校外结合、国内国外结合、固定流动结合、专职兼职结合，汇聚一支高端师资队伍，培养一批具有前瞻性、能够引领未来发展的科技创新领军人才，培育若干前沿交叉科学与未来技术领域产生重大影响的原创性成果。

二、最新进展

推进校企协同创新综合体建设。2021年10月19日，学院与无锡市就"关于培养未来科技创新领军人才的合作协议"和"关于未来技术合作的协议"完成了签约。合作主要围绕在高校设立奖学金、创新基金、学生实习实践无锡基地等内容开展。以太湖湾科创带建设、长三角一体化发展为契机，提升产业科技创新水平和高校人才培养，改革、调整和学科建设。高起点做好战略性产业规划布局，发挥滨湖集成电路、信息安全、先进制造、海空天核心部件等集群产业优势和两大高校未来技术学科和人才优势，积极打造和培育未来科技创新领军人才，抢占未来科技发展先机，助力无锡布局未来产业。

第八节　中国科学技术大学先进技术研究院

一、主要概况

中国科学技术大学先进技术研究院（以下简称"中科大先研院"）是2012年由安徽省、中国科学院、合肥市和中国科学技术大学按照"省院合作、市校共建"的原则建设的区域产业技术创新研究院。在省院市

校四方的共同努力下，建设了国家量子保密通信"京沪干线"及"量子科学试验卫星"合肥总控中心，率先在世界领域开展量子远程大规模保密通信应用工程。中科大先研院"新型农业光伏系统"项目在第 43 届日内瓦国际发明展上获得金奖。创客中心选派的"一种可穿戴式热电发电安全指示系统"和"基于飞秒激光微纳米技术的金属表面蝴蝶结构色研究"两项成果分获第 45 届日内瓦国际发明展金奖和银奖。中科大先研院开发了农林废弃物生物转化、石墨烯复合材料等一批在国内外行业领先的应用技术。目前，已建设联合实验室 63 家，累计引进各类人才 712 人，累计孵化企业 254 家，培育国家级高新技术企业 44 家，申请专利 337 件。2016 年 9 月，中科大先研院被列为安徽省系统推进全面创新改革试验试点单位；2018 年、2019 年、2020 年连续 3 年入围安徽省专利百强榜。2020 年 6 月，中科大先研院法定机构建设试点方案获批。2021 年 4 月，中科大先研院举办"牢记嘱托、勇担使命"成果集中发布暨"四院一谷"战略合作协议签约活动。

二、最新进展

企业创新培育成效显著。中科大先研院以建设国际一流产业技术创新研究院为目标，努力推动科技成果转移转化，形成了创新成果丰硕、高端人才集聚的良好发展局面。近年来，中科大先研院结合校企联合实验室、应用工程技术中心的建设，与量子信息研究院、人工智能研究院等前沿技术资源形成紧密稳定的长期合作，为该院孵化企业提供技术对接服务，增强孵化企业的技术实力，加快高新技术企业培育进程，促进孵化企业与高端技术的深度融合，推动孵化企业产业化、市场化进程。截至 2021 年，该院已累计孵化企业近 300 家，累计持股 19 家，孵化的华米科技、东超科技等已成为行业知名企业。

第九节　西安交通大学未来技术学院

一、主要概况

2021 年 4 月，西安交通大学未来技术学院揭牌成立。未来技术学

院现设人工智能、储能科学与工程、智能制造工程和医工学 4 个方向，现有学生 73 名，其中本科生 35 人、硕士 18 人、博士生 20 人。作为学校人才培养模式改革创新的"试验田"，始终着眼于未来科技领域与国家重大需求，不断深化科教一体、产教融合、协同育人，推动"产业链、创新链、信息链、资金链、政策链"深度融合，建立政产学研资一体的人才培养和科技成果转化特区，构建从人才培养到成果转化、从基础研究到核心技术、从"出成果"到"用成果"的有机生态，与现有学科专业相辅相成，在人才培养、学术成果产出、科技成果转化等方面为现有学科专业发展提供有力支撑，努力培养具有科学家素养的工程师。

二、最新进展

1. 人工智能

人工智能与机器人研究所（人机所）于 1986 年成立，是国内最早的人工智能专职研究机构，由郑南宁院士担任责任教授。依托"模式识别与智能系统"二级学科，开展人工智能方面的教学、科研和高层次人才培养工作，拥有一支能力突出、结构合理的高水平教学科研团队。在 30 余年的发展过程中，团队逐步形成了独特的育人文化和制度，培养了一批学术界和产业界的领军人才，成为高水平创新人才培养的重要基地。

2. 储能科学与工程

主要包括热质储能、电磁储能和储能系统 3 个子方向，整合西安交通大学电气、能动等六大理工优势学科。其中，热质储能方向由何雅玲院士担任责任教授，包括先进储能与碳中和技术创新团队、先进压缩空气与抽水蓄能复合储能技术团队以及大型多能互补系统能量高效灵活转化团队；电磁储能方向包括离子电池/超级电容研发团队、氢储能研发团队；储能系统方向包括电力储能装备与系统应用团队、储能系统集成。

3. 智能制造工程

该团队由机械工程学院院长、国家杰出青年基金获得者陈雪峰教授和国家级人才梅雪松教授担任责任教授，由卢秉恒、蒋庄德、李应红3位院士担任建设顾问，长期从事智能装备与智能工厂、机器人、激光先进制造等研究。近年来，承担了包括国家重点研发计划、国家科技重大专项、973计划、863计划、LJ专项、国家自然科学基金重点项目等国家级、省部级项目100余项，校企联合横向课题多项。

4．医工学

该团队由西安交通大学副校长、一附院院长吕毅教授担任责任教授，由徐宗本、赵红卫、张平祥、张心湜、顾瑛、王辰等多位院士担任建设顾问，依托西安交通大学一附院、物理学院、电信学部、前沿学院、机械学院、生命学院和材料学院等。团队长期从事基于声、光、电、磁、核等物理要素的医工交叉技术创新与器械、设备研发。近年来，承担了包括国家自然科学基金重大仪器专项、国家科技部重点研发计划、共融机器人重大研究计划、教育部创新团队、陕西省创新团队等在内的课题100余项。

机构篇

第二十九章 新型研发机构

第一节 之江实验室

一、实验室概况

之江实验室成立于2017年9月6日,坐落于杭州城西科创大走廊核心地带,是浙江省委、省政府深入实施创新驱动发展战略、探索新型举国体制浙江路径的重大科技创新平台。实验室以"打造国家战略科技力量"为目标,由浙江省人民政府主导举办,实行"一体两核多点"的运行架构,重点建设大型科技基础设施和重大科研平台,抢占支撑未来智慧社会发展的智能计算战略制高点。目前,之江实验室已获批牵头建设智能科学与技术浙江省实验室。

实验室以打造未来城市样板为愿景,致力于建设具备全域感知、万物互联、主动服务、智能进化等特性的智慧园区。实验室智慧园区一期园区建设期为2018—2020年,总建筑面积约为35万平方米。一期园区重点建设基础前沿的研究机构和多学科交叉创新的研究机构,以及创新型的应用大平台和共性的大科学装置,启动一批重大项目。以浙江大学、阿里巴巴集团为核心,整合浙江工业大学、杭州电子科技大学、中电海康集团、新华三集团等高校、科研院所、企业的资源,谋划实施未来网络技术研究院、人工智能研究院、战略研究中心、智能机器人研究中心、标准化研究中心、智能芯片研究中心、网络健康大数据研究中心、城市大脑研究中心、感知科学与技术研究中心等重点研发平台。二期园区

建设期为 2020—2022 年，总建筑面积约为 65 万平方米。二期园区将重点建设科研用房，包括标准实验室、大科学装置与核心装备、共建平台、中试基地、科技孵化器、产学研联合开发中心、人才社区、流动人员公寓等。二期园区建设完成后将具备国际一流实验室建设规模及科研能力。

实验室运用软件代码大数据与代码知识网络科学装置、新型智能计算架构试验与验证科学装置、多维超级感知科学装置、超高灵敏量子极弱磁场和惯性测量科学装置、新一代工业互联网系统信息安全大型实验装置、社会治理大数据与模拟推演科学装置等重大科学装置，研究出一系列极具前瞻性的科研成果。

二、研究方向

实验室以打造国家战略科技力量为目标，主攻智能计算、人工智能、智能感知、智能网络和智能系统五大科研方向，重点开展前沿基础研究、关键技术攻关和核心系统研发。

智能计算：瞄准世界科技前沿和国家重大战略需求，研究存算一体、神经拟态类脑计算、光计算、生物计算等新型计算模型和器件操作系统、编程语言与编译器、广域协同软件、智能软件工程等核心软件，为数字中国的科技创新体系和产业发展体系提供先进的计算芯片、强大的计算能力、高效智能的计算平台。

人工智能：研究人工智能的可计算性、可解释性、泛化性和稳定性等理论，建立数据驱动、以自然语言理解为核心的知识计算方法体系，发展大数据智能、跨媒体智能、混合增强智能等方向，构筑人工智能先进算法与应用生态，推动新一代人工智能理论、方法、技术与平台的发展。

智能感知：围绕多维感知融合、类人感知、极限感知的需求，全面研究智能感知的机理和方法，突破高性能高分辨传感器件和芯片、极限精密测量、类人智能感知、泛在智能健康感知、超高灵敏环境感知、多维数据智能融合处理等关键技术，打造完整的智能感知理论和技术体系。

智能网络：研究并攻克智能网络基础理论、新型网络体系架构、高效能通信体制等关键科学与技术问题，发展下一代无线通信、超高速光

通信与光互联、高性能计算网络、多模态智能网络、工业互联网安全等核心技术，实现功能、拓扑、标识、安全等全维可定义的新型网络体系结构与平台。

智能系统：面向社会治理、数字经济等重大战略需求，全面攻克自主无人系统、信息物理融合、医疗健康和社会治理、金融科技等各类典型智能系统的关键技术和工程实现方法，研发智能系统共性关键技术与应用平台，打造广域协同、普惠泛在、随需接入的高效能智能系统，支撑智慧时代新型数字基础设施建设和战略新兴产业发展。

第二节　鹏城实验室

一、实验室概况

鹏城实验室是 2018 年中央批准成立的，突破型、引领型、平台型一体化的网络通信领域新型科研机构。作为国家战略科技力量的重要组成部分，鹏城实验室聚焦宽带通信和新型网络等国家重大战略任务以及粤港澳大湾区、中国特色社会主义先行示范区建设的长远目标与重大需求，按照"四个面向"的要求，以网络通信、网络空间和网络智能为主要研究方向，开展领域内战略性、前瞻性、基础性重大科学问题和关键核心技术研究。

专家学者云集，平台设施完备，科研成果突出。鹏城实验室坚持以重大任务攻关和重大科技基础设施与平台建设为牵引，以科技创新和体制机制创新为主线，集聚了包括 31 位院士、200 位国际会士、国家杰青等高端人才在内的 3400 余位各类人才，建成了以"鹏城云脑"为代表的若干重大科技基础设施与平台，发布了"丝路"多语言机器翻译平台、"鹏程·盘古"中文预训练语言模型等一系列重大应用。

创新科研模式，深化产学研用，加强人才培养。鹏城实验室以重大基础设施为支撑，以重大攻关项目为核心，探索出"重点项目+基础研究"双轮驱动的特色科研模式；积极推进合作共建与资源共享，构建形成产学研用协同创新体系，与全国 150 余家高校、科研机构、龙头企业开展深度合作；与北京大学、清华大学等著名高校执行联合培养博士生

的国家专项计划，共同探索"学校导师+行业导师"的创新人才培养新模式。

实验室依托"硅光芯片工艺平台""宽带通信全场景云网创新测试环境""鹏城靶场""鹏城生态""鹏城云脑"等重点科学设施，在宽带通信、新型网络、网络智能等前沿领域开展科学研究。实验室基础研究主要依托虚拟现实基础研究室、类脑网络基础研究室、开源EDA基础研究室等院士工作室，围绕实验室主方向，开展前瞻性、基础性的前沿研究，鼓励学科交叉，力争取得原始创新的重大突破。

二、研究方向

虚拟现实基础研究室。在国家重大战略任务方面，研究室通过在数字孪生建模、仿真、交互、在线服务等技术的突破，探索下一代数字孪生网支撑平台及示范应用，支撑实验室"新型网络"方面国家重大战略任务。在规模化产业应用方面，通过开展数字孪生网支撑平台及示范应用、生理虚拟人体、智能人机交互三方面理论研究与关键技术的突破，在智能制造、工业云、人工智能等方面支撑实验室规模化产业应用。主要研究方向包括：数字孪生网支撑平台及示范应用；生理虚拟人体；智能人机交互。

类脑网络基础研究室。以基础理论探索与产业创新引领协同发展为原则，面向国家重大需求和国际学术前沿，立足信息论、复杂网络理论、脑科学、生物免疫学及人工智能等领域，形成通信技术与生命科学、人工智能等多学科深度交叉融合的特色研究团队。科研成果可应用于天地一体化信息网络、宽带移动网、物联网、车联网等工程，并在医疗健康、智能制造、航空航天等方面发挥重要作用。主要研究方向包括：类脑神经元传输机制的无线异构网络；类生物免疫的网络安全防御；基于网络孪生的新型网络架构；宽带MIMO Ad-hoc自组织网络。

开源EDA基础研究室。开源EDA基础研究室由李国杰院士领衔，主要围绕开源EDA工具、智能化的芯片设计方法、开源EDA系统平台、开源EDA基准测试集等内容开展研究，打造四维一体的"AI+EDA"技术生态体系（问题、数据、平台、算力），发展开源开放的芯片设计解

决方案，提升芯片设计效率，改善芯片设计质量，降低芯片设计门槛，吸引和促进芯片领域的创新创业，培养芯片专业人才，推动芯片产业多样化发展。

新一代无线通信基础研究室。基础研究室面向无线通信前沿科技领域开展研究，聚焦无线通信领域国家重大战略任务，突破新一代无线通信中的关键技术，研究面向新一代无线通信的智简网络基础理论、关键技术、网络架构等，突破全场景、全频谱、全覆盖的云网创新测试技术，建设面向新一代无线通信的试验验证平台，支撑无线通信在智能制造、物联网、工业互联网等领域的应用。主要研究方向包括：智简网络基础理论研究；面向 6G 的异构聚合传输平台；面向 6G 空天地融合网络的端到端资源部署；AI 使能的智简网络运维技术；面向 6G 空地融合的通信感知联合设计；面向 6G 万物互联场景的跨层资源优化；面向 6G 空地融合传输环境的探测与建模。

空间信息技术基础研究室。聚焦服务国家宽带通信和新型网络战略，围绕制约我国空间信息技术领域发展的技术瓶颈问题，在卫星前沿通信技术、未来天基网络技术、天基网络应用技术、先进卫星电源平台技术等方面开展研究，突破空天地一体化、卫星新频段通信、先进有效载荷、巨型星座仿真模拟、智慧终端应用、高效卫星电源平台等卫星通信和应用领域的关键技术，推进空间信息技术的发展和应用。研究方向包括：卫星前沿通信技术研究；未来天基网络技术研究；天基网络应用技术研究；先进卫星电源平台技术研究。

第三节 姑苏实验室

一、实验室概况

材料科学姑苏实验室（简称"姑苏实验室"）成立于 2020 年 6 月 30 日，是瞄准国家实验室标准和国际一流水准建设，高水平打造科技创新策源地的新型研发机构，是江苏省委省政府和苏州市委市政府倾力打造的重大科技创新平台，成立之初获批"省属科研事业单位"和首批"江苏省实验室"。实验室坐落在苏州工业园区，建设资金总额 200 亿元

（10年建设期），土地规划500亩，主要研究领域包括电子信息材料、能源环境材料、生命健康材料等，目前已在电子信息材料领域逐步开始重点布局。

姑苏实验室以材料科学领域中的国家重大战略需求、江苏经济发展重大需求以及未来科技革命的前沿技术为"三大重点"，以突破国家重大战略需求、攻克区域产业重大技术瓶颈、解决行业重大科技问题为使命，创新体制机制，集聚高端资源，汇聚国内外技术前沿的一流科学家、学科领军人才和科研团队。建设规划目标：通过5年左右的一期建设，集聚1000名以上的科研、技术及管理人才，建成具有国际一流水平的材料研发等公共平台，突破一批材料领域核心基础科学问题和关键共性技术问题。到2030年，骨干人员规模达到3000名以上，涌现出一批标志性的原创成果，力争跻身世界一流材料实验室行列，成为具有全球影响力的国际化科技创新策源地。

苏州市政府分别与中国科学院和中国科学技术大学签订合作协议，将共同围绕"一体"推进姑苏实验室建设和中国科学技术大学苏州高等研究院建设等重点工作，持续支撑战略性新兴产业发展等院市科技合作，为苏州经济社会发展持续提供创新原动力。为形成功能互补、良性互动和协同创新的发展格局，打造更优创新生态，姑苏实验室分别与南京大学、中国科技大学、西北工业大学、苏州大学进行合作签约，将联合在材料领域的顶级科研力量重点开展有产业应用前景的基础前沿研究，为后续与产业界合作积累研发和技术基础。此外，还与中天科技集团、南大光电、沈阳科仪等龙头企业签约合作，共同推进产业联合项目研发，开展多边合作进一步支撑产业高质量发展。

二、研究方向

姑苏实验室已初步确定电子信息材料、生命健康材料、能源环境材料等重点研发方向和研究领域。姑苏实验室将探索建立有别于传统国家实验室的全新管理架构，基于"组织支撑流程，流程支撑业务"的理念设立组织模块，创新实践"主建"和"主战"相结合的矩阵式管理，努力实现以程序化的方法管理需求，以投资的理念管理项目和以结构化的程序规范管理。同时，还将实行现代实验室管理制度，充分激发高层次

人才和创新团队的积极性，全力打造最优创新生态。来自国内外材料科学领域逾 60 位院士专家担任姑苏实验室的战略咨询委员会委员，为姑苏实验室的发展出谋划策、保驾护航。

第四节　紫金山实验室

一、实验室概况

网络通信与安全紫金山实验室（简称"紫金山实验室"）2018 年成立，坐落于南京市江宁无线谷，初始投资规模为 100 亿元。紫金山实验室是江苏省和南京市为了深入贯彻习近平总书记新时代中国特色社会主义思想，打造引领性国家创新型城市，共同推进建设的重大科技创新平台。紫金山实验室面向网络通信与安全领域国家重大战略需求，以引领全球信息科技发展方向、解决行业重大科技问题为使命，通过聚集全球高端人才，开展前瞻性、基础性研究，力图突破关键核心技术，开展重大示范应用，促进成果在国家经济建设中落地。紫金山实验室力图成为国家科技创新的重要力量，建成体现国家意志、具有世界一流水平的战略科技创新基地。

2022 年 8 月 24 日，以"网络全球 决胜未来"为主题的第六届未来网络发展大会在江苏省南京市开幕。会上，发布了全球首个广域确定性网络系统，还发布了云原生算网操作系统、6G TKμ 极致连接无线传输试验平台 V1.0 两项重大科研成果。

闭幕式上，紫金山实验室、江苏省未来网络创新研究院实施战略合作，进行了未来网络重大合作项目签约和紫金山科技城成果转化项目签约；15 项具有代表性的未来网络领先创新科技成果集中发布；2022 年未来之光——未来网络科技创新大赛决赛结果公布。

二、研究方向

紫金山实验室聚焦网络通信与安全领域，力争成为我国信息领域国家实验室的核心组成部分。紫金山实验室初期建设以东南大学、江苏省未来网络创新研究院和中国人民解放军战略支援部队信息工程大学团队为核心力量，以刘韵洁院士、尤肖虎教授、邬江兴院士为牵头人，充分利用南京在未来网络、5G 发展及演进和毫米波核心器件等方面具有"独一无二"的基础技术优势，聚焦国家重大战略，以未来网络、新型通信和网络通信内生安全为主攻方向，吸收国内外网络通信与安全领域的著名专家参与，有机整合国内外优势科技资源，加强开放合作，统筹部署，建设面向网络通信与安全领域的多学科交叉、汇聚一流人才的综合性科研平台。紫金山实验室以"科技创新和制度创新双轮驱动"为原则，集聚网络通信与安全领域全球最优势人才和创新单元，建立集中力量办大事的科学组织形式，致力于解决网络通信与安全领域国家重大战略需求、行业重大科技问题、产业重大瓶颈问题，开展若干重大示范应用，促进应用成果在国家经济和国防建设中的落地，形成指引全球信息科技发展方向、引领未来产业结构与模式、全球著名的高水平科研基地和产业高地，努力成为我国信息领域国家实验室的核心组成部分。

第五节　北京智源研究院

一、实验室概况

2018 年 11 月，在科技部和北京市政府指导和支持下，"北京智源行动计划"正式发布，它由企业、高校、院所等共同提出，以共享数据、智能计算编程框架和算力基础设施为核心，打造北京智源开放服务平台。同时成立的北京智源人工智能研究院（简称"北京智源研究院"），是依托北京大学、清华大学、中国科学院、百度、小米、字节跳动、旷视科技等北京人工智能领域优势单位共建的新型研究机构。研究院实行理事会领导下的院长负责制，原微软亚太研发集团首席技术官、源码资本投资合伙人张宏江担任首届理事长，北京大学计算机系主任黄铁军担任首任院长。

二、研究方向

重点开展 4 个方面的建设，引领人工智能技术创新。其一，引进培

育高端人工智能人才，放眼全球打造人工智能人才高地；其二，共建联合实验室，瞄准世界科技前沿，推动原始创新人工智能基础理论研究与协同创新攻关；其三，建设开放服务平台，以及人工智能社区；其四，加强产学研合作，举办全球人工智能峰会，打造产业与学术资源的中心枢纽。发展目标是按照国家新一代人工智能发展规划总体部署，支持科学家勇闯人工智能科技前沿"无人区"，推动人工智能理论、方法、工具、系统等方面取得变革性、颠覆性突破，引领人工智能学科前沿和技术创新方向，推动北京成为全球人工智能学术思想、基础理论、顶尖人才、企业创新和发展政策的源头，支撑人工智能产业发展，促进人工智能深度应用，改变人类社会生活。

启动"智源学者计划"，建立联合实验室。2019年4月16日，北京智源人工智能研究院召开"智源学者计划暨联合实验室"发布会，每年支持100位人工智能领域的优秀专家学者，共支持300人。"智源学者计划"将依托北京大学、清华大学、中国科学院等优势高校院所，以及旷视科技等骨干企业研究院，对四类人才进行重点支持，分别是智源科学家首席、智源研究项目经理、智源研究员和智源青年科学家。会上，研究院首个联合实验室"北京智源-旷视智能模型设计与图像感知联合实验室"同期揭牌。目标是建设一体化的数据共享、模型设计与场景测试的开放创新平台，突破大数据背景下模型架构设计、优化和部署等技术，探索、突破视觉系统性能极限和模型设计及场景测试的自动化，推进大数据背景下模型架构设计、优化和部署等方面的研究。

第六节　北京量子信息科学研究院

一、实验室概况

北京市在量子信息科学研究方面具有领先优势，拥有全国最完整的学科布局、最强的研究队伍、国际一流的实验条件和技术资源。北京量子信息科学研究院（以下简称"量子院"）成立于2017年12月24日，是北京市政府联合中国科学院、北京大学、清华大学等单位共同建设的新型研发机构，是北京市委市政府积极响应中央战略决策，加强国际科

技创新中心建设的重要举措。借鉴世界发达国家建立国家实验室的组织架构和运行机制,在组织架构上,量子院是由北京市政府发起成立的独立法人事业单位,不设行政级别,实行理事会领导下的院长负责制,薛其坤院士出任首任院长。量子院一期坐落于北京市海淀区中关村软件园西大门,西邻百望山、南邻颐和园、北邻航天城,风景优美,工作环境一流。紧邻中国科学院、北京大学、清华大学等顶尖高校院所,人才优势明显。

二、研究方向

着力在量子通信、量子计算等领域开展基础前沿研究,推动量子技术实用化、规模化、产业化。量子院以习近平总书记新时代中国特色社会主义思想为指引,坚持"国家急需、世界一流、国际引领"的建设理念,瞄准建设世界一流新型研发机构的目标,面向世界量子物理与量子信息科技前沿,采取与国际接轨的治理模式和运行机制,整合北京现有的量子物态科学、量子通信、量子计算、量子材料与器件、量子精密测量等领域骨干力量,建设顶级实验支撑平台,力争在理论、材料、器件、通信与计算及精密测量等基础研究方面取得世界级成果,并推动量子技术走向实用化、规模化、产业化,通过建立完善的知识产权体系,紧密与产业界结合加速成果转化,实现基础研究、应用研究、成果转移转化、产业化等环节的有机衔接,凝聚国家战略科技力量。

大力开展原始创新和体制机制创新,建设量子信息科学国家实验室。量子院的目标是瞄准国家战略需求,积极承担国家科技创新重大项目,产出一批世界级的重大原始创新成果。同时,探索形成有利于原始创新和成果转化的体制机制,促进更多科研成果在量子院诞生,推动量子院科研成果在"三城一区"转化落地。在原始创新方面,要建设量子信息科学技术综合性实验和研发平台,开展科技攻关,产出一批重大原始创新成果,实现前沿技术突破性进展和自主创新能力跨越式提升;在体制机制创新上,探索科研人员产权激励、知识产权保护、科技成果在本地溢出转化等创新政策,充分激发科研人员的动力和活力,将量子院建成世界一流的新型研究机构,承担好"量子信息科学国家实验室"建设任务;在培育人才方面,大力引进全球顶级人才,形成以国际一流科学家为核心的结构稳定、学科全面的研究梯队，同时组建一支由世界级水平技术人员组成的技术保障团队。

第七节　北京脑科学与类脑研究中心

一、实验室概况

北京脑科学与类脑研究中心成立于 2018 年 3 月 22 日，作为北京市重点推进建设的新型研发机构之一，将结合北京"全国科技创新中心"的战略定位，围绕国家重大项目研究方向，建立协同创新、科学高效的运行机制，力争在脑科学与类脑科学研究领域实现前沿技术突破。北京脑科学与类脑研究中心由北京市政府与中国科学院、北京大学、清华大学、北京师范大学、中国医学科学院、中国中医科学院等单位联合共建，实行理事会领导下的主任负责制，将重点围绕共性技术平台和资源库建设、认知障碍相关重大疾病、类脑计算与脑机智能、脑认知原理解析等方面开展攻关，在脑科学与类脑研究领域产出一批重大原始创新成果，成为国际一流的脑科学与类脑研发机构。

二、研究方向

开展类脑智能领域体系化创新研究。2022 年 1 月，北京脑科学与类脑研究中心正式发布《全球类脑智能领域科学计量研究报告（2010—2021 年）》，该报告以 SCIE 和 INNOGRAPHY 数据库为数据源，通过论文和专利计量，对 2010 年以来类脑智能领域的总体态势、研发主体和研发内容等进行分析。从时间角度展示类脑智能基础研究和应用开发的总体趋势；从国家和机构角度识别类脑智能研发的优势力量；从高被引论文和高被引专利角度分析类脑智能领域的热点方向。该报告是北京脑科学与类脑研究中心 2021 年 5 月启动的"国内外脑科学前沿进展研究"课题研究成果之一。课题由科研事务部牵头，组织北京脑中心、部分共建单位专家及国家级科技信息文献研究专业机构对全球脑科学相关计划、重点领域、主要机构、政策法规等开展分析研究，目前已撰写了《美国脑计划实施进展及其特点分析》等 7 篇研究报告，课题研究仍在推进中。

这些研究成果一方面满足中心对接国家脑计划和国家实验室科研管理工作需要，另一方面用于科技部、北京市领导及其相关部门科学决策和制定相关政策、规划参考。

持续跟踪国际脑科学最新研究模式。《美国脑计划实施进展及其特点分析》主要分析美国脑计划的实施近况、重要节点的发展战略报告，剖析其组织特点，为我国脑计划的实施提供参考借鉴；《DARPA的科研组织方式、管理成效及其在脑科学与类脑领域的布局与启示》系统梳理美国国防部高级研究计划局（DARPA）引领世界科技创新的主要经验做法、重要特征，重点分析其在脑科学与类脑研究领域的布局与启示；编译英国政府官方网站发布的《生命科学愿景：重建更美好未来》，该报告阐述了英国政府未来10年生命科学领域的发展战略。课题组对该报告进行编译、分析，总结了英国在新冠肺炎全球大流行中采用学术、资本和国家卫生服务体系数据资源高效整合模式快速推出牛津—阿斯利康疫苗的成功经验，借此提出未来10年生命科学领域的发展重点。课题组还进一步解析了脑科学领域发展重点。《中国脑科学与类脑领域主要研究机构概况》《美国脑科学与类脑研究领域主要研究机构概况》主要介绍中、美两国脑科学与类脑领域研究力量的分布和主要机构概况；《全球脑机接口领域科学计量研究报告（2010—2021年）》对脑机接口领域2010年以来的论文和专利进行科学计量学分析，分析其科技发展水平、各个国家的科学研究地位和差异、顶尖机构的分布等。

展望篇

第三十章

主要研究机构预测性观点综述

第一节　Gartner：2021年重要战略科技趋势

一、生成式人工智能（Generative Artificial Intelligence）

即将上市的生成式人工智能是最引人注目和最强大的人工智能技术之一。该机器学习方法从其数据中学习内容或对象，并运用数据生成全新的、完全原创的、逼真的设备。生成式人工智能可用于创建软件代码、促进药物研发和有针对性的营销等多种活动，但该技术也会被滥用于诈骗、欺诈、政治造谣、伪造身份等。Gartner预计到2025年，生成式人工智能将占所有生成数据的10%，而目前这一比例还不到1%。

二、数据经纬（Data Fabric）

在过去的10年里，数据和应用孤岛的数量激增，而数据和分析（D&A）团队的技能型人才数量却保持不变，甚至下降。作为一种跨平台和业务用户的灵活、弹性数据整合方式，数据经纬能够简化企业机构的数据整合基础设施，并创建一个可扩展架构，以此来减少大多数数据和分析团队因整合难度上升而出现的技术债务。数据经纬的真正价值在于它能够通过内置的分析技术动态改进数据的使用，使数据管理工作量减少70%并缩短价值实现时间。

三、分布式企业（Distributed Enterprise）

随着远程和混合工作模式的增加，以办公室为中心的传统企业机构正在演变成由分散在各地的工作者组成的分布式企业。Gartner 公司分析师 Groombridge 表示："这就要求首席信息官通过重大技术和服务变革提供无摩擦体验。但事情总有两面性，这项技术会对业务模式产生影响。从零售到教育，每家企业机构都必须重新配置交付模式才能支持分布式服务。n 年前，全世界没有人想到自己能在数字试衣间里试穿衣服。"Gartner 预测到 2023 年，75% 充分发挥分布式企业效益的企业机构将实现比竞争对手高于 25% 的收入增长。

四、云原生平台（Cloud-Native Platform）

为了真正能够在任何地方提供数字功能，企业必须放弃熟悉的"提升和转移"并转向云原生平台。云原生平台运用云计算的核心能力，向使用互联网技术的技术创造者提供可扩展的弹性 IT 相关能力"即服务"，从而加快价值实现时间并降低成本。因此，Gartner 预测到 2025 年，云原生平台将成为 95% 以上新数字倡议的基础，而在 2021 年这一比例还不到 40%。

五、自动化系统（Autonomic Systems）

随着企业的发展，传统的编程或简单的自动化将无法扩展。自动化系统是可以从所在环境中学习的自我管理型物理或软件系统。与自主系统不同，自动化系统无须在外部软件更新的情况下，就可以动态修改自己的算法，使它们能够像人类一样迅速适应现场的新情况。"通过最近在复杂安全环境中的部署，自治行为也已经为人所知。而从长远看，这项技术将被普遍应用于机器人、无人机、制造机器和智能空间等物理系统。"Groombridge 表示。

六、决策智能（Decision Intelligence）

一家企业机构的决策能力是其竞争优势的重要来源，而如今这个时

代对这项能力的要求也越来越高。决策智能是一门实用的学科。该学科通过深入理解并精心设计做出决策的方式以及根据反馈评估、管理和改进结果的方式来改进决策。Gartner 预测在未来两年，1/3 的大型企业机构将使用决策智能实现结构化决策，进而提高竞争优势。

七、组装式应用程序（Composable Applications）

在不断变化的业务环境中，业务适应性需求能够引导企业转向支持快速、安全和高效应用变化的技术架构。可组合的应用架构增强了这种适应性，而采用可组合方法的企业机构在新功能的实现速度上将比竞争对手快 80%。"在动荡的时代，可组合的业务原则能帮助企业机构驾驭对业务韧性和增长至关重要的加速变化。没有它的现代企业机构可能会失去在市场中的前进动力和客户忠诚度。"Groombridge 表示。

八、超级自动化（Hyperautomation）

超级自动化通过快速识别、审核和自动执行尽可能多的流程来实现加速增长和业务韧性。Groombridge 表示："表现最好的超级自动化团队专注于三个关键优先事项：提高工作质量、加快业务流程和增强决策敏捷性。"

九、隐私增强计算（Privacy-Enhancing Computation，PEC）

除应对日趋成熟的国际隐私和数据保护法律，首席信息官还必须避免因隐私事件而导致客户信任下降。因此，Gartner 预计到 2025 年，60% 的大型企业机构将使用一种或多种隐私增强计算技术。在数据、软件或硬件层面保护个人和敏感信息的 PEC 技术，能够在不影响保密性或隐私的情况下安全地共享、汇集和分析数据。目前这项技术被应用于许多垂直领域以及公共云基础设施，例如，一些可信的执行环境。

十、网络安全网格（Cybersecurity Mesh）

"数据贯穿了今年的许多趋势，但只有当企业能够信任数据时，数

据才会变得有用。"Groombridge 表示，"如今，资产和用户可能出现在任何地方，这意味着传统的安全边界已经消失。这就需要有网络安全网格架构（CSMA）。"网络安全网格架构有助于提供一体化安全结构和状态，为任何位置的任何资产提供安全保障。到 2024 年，使用网络安全网格架构一体化安全工具组成一个合作生态系统的企业机构，能够将单项安全事件的财务影响平均减少 90%。Groombridge 表示："对于从事 AI 的融合团队来说，他们组织的真正差异化之处在于他们能够通过快速的 AI 变革不断提升价值。"

十一、AI 工程化（AI Engineering）

IT 领导人想方设法地将 AI 集成到应用中，在从未投入生产的 AI 项目上浪费时间和金钱，或在 AI 解决方案发布后努力保持它们的价值。AI 工程化是一种操作 AI 模型的综合方法。Groombridge 表示："从事 AI 工作的混合团队是否真正能够为他们的企业机构实现差异化，取决于他们通过快速 AI 变革不断提升价值的能力。到 2025 年，10%的建立 AI 工程化最佳实践的企业从其人工智能工作中产生的价值，将至少比 90%未建立该实践的企业高出三倍。"

十二、全面体验（Total Experience）

全面体验是一项结合客户体验、员工体验、用户体验和多重体验学科的业务战略。全面体验的目标是提升客户和员工的信心、满意度、忠诚度和拥护度。企业机构将通过实现具有适应性和弹性的全面体验业务成果来增加收入和利润。

第二节　埃森哲：《技术展望 2021》五大重要趋势

一、未来架构：夯实企业发展地基

行业竞争加剧，企业当下所选择的技术将决定未来很长一段时间内能够开展哪些业务，因此面向未来的企业架构将会是企业打造竞争力、激发业务活力的关键一环。构建和使用最具竞争力的技术栈，企业可以

以全新的视角构建能力，建立业务和技术一体化战略，力争成为技术领导者。如今，企业拥有比以往更多的技术选择，从功能各异的云平台、种类繁多的人工智能模型，到广泛使用的边缘设备，再到硬件和计算的设计（或涉及基础物理学），每一层技术栈都在向全新维度不断拓展。丰富的技术选择意味着企业可以定制其架构的每一层，帮助企业战略充分落地，同时打造业务多样性。

二、镜像世界：数字孪生智能泛在

数据、人工智能和数字孪生技术的大量广泛应用，推动了新一代商业和智能世界的崛起。通过技术赋能，企业可以从业务中获得大量有价值的数据，并用这些数据构建大规模的智能数字孪生网络。领先企业正在构建跨越组织全要素的智能化数字孪生，并致力于通过组合应用该技术创造与现实世界的工厂、供应链、产品全生命周期一致的数字镜像模型。在这个镜像世界中，虚拟的数字世界和物理的现实世界无缝串联，助力企业实现模拟、验证、预测和自动化，开创新模式、新业态。随着企业成功地给越来越多现实世界的具体事物建立数字模型，迅速发展的镜像世界将迎来海量新机遇。企业领导者有望将数据和智能整合在一起，收获前所未有的新价值，站在更高的格局谋划企业未来的生存与发展，重塑现有运营、协作和创新方式。

三、技术普众：人机融合全员创新

技术实现方式正悄然变化。自然语言处理、低代码平台、RPA 等工具大大降低了技术实现的难度，引发技术普众的讨论。当企业赋予所有员工强大的工具平台后，每个员工都可以参与创新。IT 部门仍然负责实施重要项目，开展基于先进技术的平台研发，而处理日常业务问题的其他人员则拥有设计技术解决方案的自主权。技术普众能让企业更关注优化工作流程，及时解决痛点，从而快速响应业务需求。技术普众还有助于弥补技能差距。企业需要培训员工，引导其像技术专家一样思考，主动利用技术去解决问题。企业同时培训员工使用平台工具，并提升其整体的技术认知水平。这样做有利于让员工自行优化或解决日常技术问

题，而 IT 人员则可以将更多的精力放在大型项目上。由此一来，每个员工都可以参与数字化转型与创新。

四、无界工作：就地开展柔性协作

远程办公即将从应急措施走向常态化。疫情之下，全球许多企业纷纷部署远程办公，让员工突破地域限制，打造灵活动态的组织团队。居家办公已不再新奇，越来越多的人开始"随地办公"。几年前，当 BYOD（自带设备）兴起的时候，企业制定了相应的规章制度，建立了技术方案，在保证办公灵活度的情况下，降低员工使用自有设备办公的风险。BYOD 提升了员工办公体验，也为企业节省了大量开支。如今，除了 BYOD，员工还可以自由选择办公场所。除了居家办公，员工可以在任意地点随时随地开展协作。当远程办公向常态化发展，企业就需要重新考量这种工作方式的好处，对企业架构做出改变，制定更为长远的组织协作模式。例如，解决远程办公的安全风险，进行必要的文化转型，思考实体办公空间新用途。

五、多方信任：混沌格局下的生机

新冠肺炎疫情让行业格局重新洗牌，企业不得不重新建立新的合作伙伴关系，多方信任应运而生。多方信任包含了区块链、分布式账本、分布式数据库、代币化和其他一系列技术能力，允许个人与组织之间高效共享数据，构建新的业务和营收模式。疫情当前，我们迫切需要对接触者进行追踪、无接触支付，用新的形式建立信任，重新聚焦企业现有生态系统中仍未解决的问题。未来三年内，客户需求、法律法规等各方面将迅速发生变化。借助多方信任，企业可以大幅提升韧性和响应力，用新方法开拓新市场，建立合作可信的行业新生态。

第三节 麦肯锡：塑造未来的十大科技趋势

一、过程自动化和虚拟化

过程自动化和虚拟化将很快迈上新台阶，也会变得越来越普及。现有的工作活动中的近一半将在未来几十年内实现自动化。麦肯锡预测："到 2025 年，超过 500 亿台设备将连接到工业物联网（IIoT）。机器人、自动化、3D 打印等行业每年将产生约 79.4 泽字节（ZB）的数据。"

二、连接的未来

5G 和物联网是未来 10 年最受关注的技术趋势之一。依托 5G 和物联网高效快捷的数字连接，有望开启经济活动的新模式。在运输业、医疗保健行业、制造业和零售业实现更快速的数字连接有望使各国总 GDP 到 2030 年增加 1.2～2 万亿美元。网络的可用性和能力大幅升级，将推动商业领域的多方面转变，包括数字化制造（基于对移动工具、机器设备和机器人的无线控制），分布式能源输送以及远程患者监测等。

三、分布式基础设施

到 2022 年，70% 的企业将使用混合云或多云平台作为分布式 IT 基础架构的一部分。这意味着数据处理可以在云端进行，而设备可以更快地访问云端数据。麦肯锡点评："这种技术趋势将帮助企业提高工作速度和灵活性，减少问题的复杂性，节省成本，并加强网络安全。"技术趋势影响所有行业，但其影响因行业而异。

四、下一代计算

麦肯锡认为，下一代计算将帮助我们找到困扰科学和社会多年的问题的答案，释放前所未有的商业能量。它包括了从量子人工智能到全自动驾驶汽车的一系列影响深远的发展，因此不会成为所有机构的直接关注点。麦肯锡指出："如果你想准备好拥抱下一代计算，先要确定你是否处于第一波产业（如金融、旅游、物流、全球能源和材料以及其他先进产业），或者你的业务是否依靠那些需要密码学工具保护的机密数据——当前的密码学正在向量子密码学进阶。"

五、应用人工智能

人工智能是最大的科技趋势之一。我们现在仍处于人工智能发展的

早期阶段，而随着技术的更新迭代，人工智能势必被用于开发基于人工智能的工具，例如，训练机器识别模式，然后根据识别的内容采取行动。到 2024 年，人工智能生成的语音将在 50%以上的人与计算机的交互中出现。不过，企业仍在寻找有效利用人工智能的方法。麦肯锡表示："虽然任何公司都有可能从人工智能处获益颇丰，但前提是人工智能能以可重复的方式被有效应用；令人遗憾的是，现在只有不到 1/4 的受访者表示人工智能对公司净利产生了显著影响。"

六、编程的未来

软件"2.0 时代"——使用神经网络和机器学习编写代码并创建新软件的时代即将到来。麦肯锡表示："这股科技浪潮有望推动数据密集型、AI 驱动型的新一代应用程序快速扩展和传播。"在某种程度上，"2.0 时代"的应用软件创建会无比强大，是我们现在难以想象的，而现有的软件和编码过程在进入"2.0 时代"后可能趋于标准化和自动化。

七、信任架构

2019 年，超过 85 亿条数据记录被泄露。尽管我们在网络安全方面取得了进步，但犯罪分子仍然是无孔不入。信任架构作为在 2021 年发展壮大的技术趋势，将有助于打击网络犯罪。构建信任架构的一种方法是使用分布式账本，如区块链。麦肯锡指出："除了减少违规风险，信任架构还能降低遵守安全法规的成本，减少网络安全相关的运营及基本建设支出，并实现更具成本效益的交易，例如，买卖双方之间的交易。"

八、生物革命

生物科学领域的技术进步交汇合流，将对人类的经济发展和社会生活产生重大影响。从健康、农业、消费品、能源甚至材料，众多行业都会因生物革命而发生重大变革。在人工智能、自动化和 DNA 测序的推动下，生物革命有望发展基因疗法、超个性化药物，以及基于遗传学的膳食和运动指导。这些技术将创造新市场，但也会引发一些不可忽视的道德问题。

九、下一代材料

材料科学的发展有可能改变多个领域，包括制药、能源、交通、健康、半导体和制造业。石墨烯是一种神奇的新材料，由单层碳原子以蜂窝状晶格结构排列而成，尽管薄得令人难以置信，其强度却是钢材的200倍，同时它也是非常出色的导体，有望升级半导体性能。二硫化钼也是材料领域的潜力新星，其纳米颗粒已经被用于柔性电子产品中。麦肯锡评论："下一代材料很可能进入许多应用领域发挥重要作用，改变各类产品和服务的生态，甚至带来行业大洗牌。"

十、清洁技术的未来

可再生能源、清洁/绿色交通、节能建筑和水资源可持续利用是清洁技术的核心。随着清洁技术的相关成本下降，人们对它的使用也更为广泛，越来越多的行业都与清洁技术产生了关联。麦肯锡认为："企业必须制订出全面的运营改进计划，对技术开发、采购、制造和成本降低有更顺应时势的把握，才能在因清洁技术而变革的行业中跟上潮流。推进清洁技术还意味着提供充足的绿色能源，以维持技术的指数级增长。"

2022年中国未来产业形势展望

第一节 整体发展展望

一、未来产业将成为新时期新阶段经济增长新动能

当前,我国经济由高速增长阶段转向创新驱动高质量发展阶段,部分先进产业发展迈入了"无人区",加强前瞻部署和发展未来产业,不仅关乎我国在国际竞争格局中的地位,而且关系到我国第二个百年奋斗目标的实现。一方面,我国工业化与信息化进程已经进入新时期新阶段,围绕国家发展的重大需求,以未来产业为引领,探索适合经济高质量发展的体制机制、破除创新要素壁垒,有利于深入实施国家创新驱动发展战略和加快供给侧结构性改革。另一方面,可持续发展已经成为经济社会发展的重要目标和趋势,《国家创新驱动发展战略纲要》提出"推动能源应用向清洁、低碳转型",而且我国进一步明确提出"碳达峰、碳中和"目标,明确了未来产业发展的新要求。未来产业将综合利用新兴技术、先进材料和先进制造(如增材制造、自动化和机器人、人工智能和机器学习),打造新经济增长极。

二、央地协同推动未来产业发展进入萌芽期

2020年4月以来,习近平总书记多次提到要"抓紧布局""培育发展"未来产业,《中华人民共和国国民经济和社会发展第十四个五年规划和2035年远景目标纲要》《"十四五"数字经济发展规划》已针对未

来产业类脑智能、量子信息、基因技术等共识性领域进行了总体布局，同时未来产业也成为地方政府在"十四五"时期重点布局的领域。多个省份的"十四五"规划都提出加快布局未来产业。例如，安徽提出"实施'3+N'未来产业培育工程，前瞻布局量子科技、生物制造、先进核能等产业"；浙江提出"超前布局发展第三代半导体、类脑芯片、柔性电子、量子信息、物联网等未来产业，加快建设未来产业先导区"；山西提出"重点培育未来数字、未来材料、未来能源、未来装备、未来生活五大未来产业重点领域"。《长三角G60科创走廊建设方案》提出，"加快培育布局量子信息、类脑芯片、第三代半导体、基因编辑等一批未来产业"。可以看出，随着未来产业概念与体系、内涵与外延，技术与生态的边界日益清晰，国家与地方对未来产业规划布局主要通过先导、前沿、战略新兴产业或数字经济的相关规划先行实施，主要以未来产业先导区先行先试的模式完成路径实现，部分先行地区将未来产业界定在一些现有前沿科学的细分分支中，探索落实国家的战略方向。从地方已有产业基础和产业要素入手，聚焦现阶段、本地化产业，基于本地已经启动、布局或者是试点的6G、卫星通信、海洋经济等前沿、先导和战略性新兴产业，从未来产业本身或者趋势演变的方面着手尝试构建未来产业发展萌芽期蓝图。

三、体系化布局培育构建未来产业高能级创新生态系统

从近几年体系化布局的措施来看，培育未来产业需要构建前沿科技供给能力、主体要素成长动力、体制机制与生态环境活力，促进从基础研究、应用研究到未来技术产业化的创新链全流程整合，推动前沿科技和未来产业与经济社会、城市发展各领域深度融合，形成技术、产业、应用互动融合和人才、制度、环境相互支撑的生态系统。从提升前沿科技创新供给能力入手，围绕基础研究、技术创新以及新研机制建设等方面构建孕育未来产业最核心的竞争力。从激发要素活力和主体成长动力入手，围绕要素供给、创新创业、场景应用创新、大中小企业融通发展等方面，建立要素内部循环机制和促进企业主体自发成长。从提升体制机制与生态环境的活力入手，围绕建立协同共治机制、新制度供给和政策创新、容错纠错机制等，为培育前沿科技和未来产业营造局部优化的

体制机制和环境保障。

四、部分未来产业领域有望颠覆性解决"卡脖子"问题

当前国内经济发展形势日益复杂严峻，大国之间的产业科技较量呈现出螺旋式攀升态势。面对当前"科技脱钩""供应链产业链脱钩""创新链人才链脱钩"等问题，我国基础材料及器件、关键设备、核心软件等关键核心技术对外依赖严重所导致的"卡脖子"问题已成为重点突出的问题。面对传统领域方面的技术依赖问题，部分未来产业领域以颠覆性技术为主导，其技术路线架构是对现有部分领域问题的全方位革新，前瞻布局未来全方位技术架构可实现"换道超车"，在现有部分"卡脖子"短板问题上采用更先进、更符合前沿趋势发展需求的颠覆性基础理论框架去解决当前我国长期落后及缺乏积累的部分"卡脖子"领域，采用"换道超车"的方式加以突破和超越，是未来产业助推我国迈入全球价值链高端的核心动能之一。

五、新型人才培育机制逐步建立完善

新型人才培育机制正通过政产学研用多方努力逐步建立完善。在企业主体层面，前沿战略人才培养机制通过政策与资金复制尝试探索，通过研究项目孵化器合作、与应用科学大学合作开展研究、政府与企业在未来产业领域共同推进常驻研究员机制等方式，培养专业性、战略性、储备性人才。在学科建设方面，我国人工智能、量子技术、生物技术等领域已有多所大学建立跨学科跨领域的复合人才培养的未来学院，高校学科设置已开始与未来产业发展进行有效衔接，符合未来产业发展需求的复合型人才教学体系已开始走入正轨。以人工智能为例，我国部分先行高校已探索增设与细分领域相关的专业与课程，如大数据、深度学习、通用算法、无人机等，逐步完善新型人才教学机制。在市场培育方面，深度挖掘以人为本的生产生活需求，针对科技发展的未来目标和实现途径及资源条件开展技术路径预测，强化联动创新，加快关键核心技术应用迭代与产业化，运用新视野、新技术、新商业模式重塑生产生活模式，培育新的消费应用场景。

第二节　部分重点行业发展展望

一、先进通信

国家政策继续助力 5G 产业发展和 6G 研发部署，支持各地区积极开展 5G 应用探索，为 5G 发展创造更加良好的大背景和广阔机遇。2021年政府工作报告提出"加大 5G 网络和千兆光网建设力度，丰富应用场景"。3 月 13 日发布的"十四五"规划提到要"加快 5G 网络规模化部署，用户普及率提高到 56%，推广升级千兆光纤网络"。以及"前瞻布局 6G 网络技术储备"。5G 垂直行业的融合应用逐渐呈现百花齐放的景象，但由于各垂直行业本身所需的通信系统性能和解决方案不同，许多垂直行业目前还看不到对 5G 应用的迫切需求。新型的 5G 商业模式仍需运营商与垂直行业企业尽快合作发掘。我国 6G 目前仍处在研发部署阶段，有关部委成立了 6G 技术研发推进工作组和总体专家组，电信运营商和华为、中兴、小米等通信设备商已经开始 6G 技术的研发和标准化预研。预计 2022 年，我国继续遵循"适度超前"的 5G 网络建设原则，"十四五"期间将建成系统完备的 5G 网络，并带来数字经济的跨越式发展。5G 业务继续向各垂直行业延伸拓展，更多种类的物联终端也将融入 5G 网络，"5G+"各行业融合应用场景也将全面打开，推动各行各业的数字化发展。同时，不断加强 6G 通信技术国际合作，推动 6G 愿景、技术标准、网络安全等方面的内容统一和加速落地，力求加快全球 6G 总体布局，支撑 6G 产业发展。

二、量子信息

量子计算云服务将成为量子计算下一阶段应用推广的重要抓手。目前的量子计算机系统和样机仍然非常初级、成本高昂且需要在极为苛刻的环境下运行，距离通用计算机的实用化水平还有较大差距，通过云平台提供专用量子计算服务将是量子计算应用推广的主要形式之一。下一个里程碑将是实现金融、医药、气象等重要领域实际应用的专用量子模拟机，当可操纵量子比特达到几百个以后，量子计算机有望执行一些具

有实际意义和应用价值的算法，用于解决若干当前超级计算机难以解决的实际问题，例如，计算化学、分子结构解析、大数据优化和机器学习算法等。今后几年的云服务形式将以量子计算平台服务（q-PaaS）为主，随着量子芯片性能的提升，量子基础设施服务（q-IaaS）的比重将逐步提升，随着通用量子计算机技术的逐步成熟，量子应用软件服务（q-SaaS）将进一步成为主流。

量子通信相关标准逐步完善并加速向垂直行业应用渗透。各国和国际标准组织 ITU-T、ISO/IEC JTC1、IETF、ETSI 等都在开展量子密钥分发（QKD）的标准化工作，量子通信相关标准日趋完善。未来，量子通信网络将在量子中继技术的支持下实现多用户、远距离的量子纠缠共享，进而实现 QKD 和量子安全应用。我国也在重点推进量子信息等新技术新产业新基建标准制定，预计陆续将有更多 QKD 相关标准发布。量子通信的优势是信息传输的安全性，目前已在军事、国防、政务、金融、电力等领域实现应用。随着 QKD 相关技术标准的成熟，量子通信器件和终端设备将趋于小型化、移动化，量子通信网络应用服务将扩展到商业企业、互联网云服务、个人数据存储和信息消费等领域，催生更多的下游行业应用。

量子测量计划将进一步清晰，传感器逐步"量子化"。美国于 2020 年 4 月发布《将量子传感器付诸实践》战略，这是全球第一次单独将量子测量作为独立战略计划报告。中国、法国、德国、日本等国家近几年也纷纷出台相应政策布局量子测量战略。未来，量子测量计划将会逐步清晰，技术逐步成熟。基于量子测量技术研发的量子传感器，相比于其他传统测量仪器具有更高的灵敏度和精度。在传统传感器测量方面，主要依赖电、磁、压阻或电容效应，其测量精度在理论上存在极限，而量子传感器有望突破经典物理极限，向更高灵敏度、准确率和稳定性等方面发展。目前，部分传感器已经实现"量子化"，量子传感器有望代替传统技术的传感器。例如，在时间测量方面，原子钟已实现产品化，实现了时间传感器"量子化"。在重力测量方面，量子螺旋仪、原子重力仪已经产品化，技术相对成熟，实现了重力传感器"量子化"。

三、人工智能

人工智能呈现多领域融合创新态势。人工智能与基础科学前沿持续深度融合，呈现出多技术融合、多学习方式共同演进的趋势。5G 应用方面，将人工智能引入 5G 基站，能够更加高效、灵活的实现资源调度，有效进行智慧化的网络规划和优化。类脑科学方面，人工智能与脑科学交叉融合，通过脑机互联有望产生脑机混合智能，实现生物体感知能力、认知能力、行为能力的全面提升与增强。核聚变环境构建方面，使用人工智能算法控制等离子体，将使在核反应堆内进行不同条件的实验变得更加容易，加快商业核聚变的发展。蛋白质空间结构预测方面，人工智能将基于氨基酸序列，预测蛋白质的 3D 结构，且未来这一技术将随着人工智能技术的进步愈发成熟。此外，人工智能与量子计算、人工智能与区块链、人工智能与 VR/AR 等前沿领域在未来也将会有更广泛的融合和碰撞，不断催生出新的可能。

人工智能将助力应对环境和可持续发展全球性挑战。人工智能技术在全球应对环境和可持续发展中扮演着不可或缺的重要角色，人工智能技术为未来人类面临的问题和挑战提供了新的解决方案。新冠肺炎疫情应对方面，人工智能辅助诊断、智能语音疫情回访系统、抗病毒药物筛选人工智能模型等能够提高疫情防控效率、降低防疫成本，为强化全球疫情防控做出巨大贡献。气候变化应对方面，人工智能能以更加低成本、高效率、可扩展的方式自动学习海量的农业、气象和地质数据集，分析现有的碳封存数据和行动计划，以确定最适合实施碳封存的地点。能源问题应对方面，绿色能源人工智能可以为电力能源系统提供安全、高效、稳定的运行保障，统筹各种新能源的稳定性，从而实现大规模绿色能源消纳，推动全球碳中和进程。南宁电厂首个人工智能实验项目已将锅炉热效率提高 0.5%，一台 60 万千瓦机组年节约燃料费用 200 多万元。此外，人工智能还能够协助解决全球粮食危机、教育资源匮乏、事实核查等诸多难题，为构建人类命运共同体贡献力量。

信息模型、具身认知模型和脑模拟机器人的结合将诞生超级人工智能。"大数据+大算力+深度学习算法"的信息模型在未来将从研究进入实际应用，基于虚拟世界、实时时空环境训练的具身模型也会取得较大

的发展。短期来看，信息模型、具身认知模型及机器人将会在几年内实现结合，成为在知识能力、环境互动等方面超越人类的"数字超人"以及在物理世界比人类还要强的"具身超人"。

四、卫星互联网

卫星互联网将成为各国抢占下一代通信科技制高点的重要抓手。2018 年，国际电信联盟（ITU）成立了网络 2030 焦点组，将卫星接入作为未来网络的特征之一。2020 年 2 月，ITU 正式启动面向 2030 及 6G 的研究工作，网络 2030 焦点组提出 6G 网络三大目标，卫星网络位列融合多类通信目标中的第一位。2021 年 6 月，IMT-2030（6G）推进组发布《6G 总体愿景与潜在关键技术白皮书》，白皮书阐述了全息通信、智慧交互、通信感知、普惠智能、全域覆盖等八大业务应用，明确新物理维度无线传输技术、新型频谱使用技术、通信感知一体化技术等新型无线技术，算力感知网络、星地一体融合组网等是 6G 十大潜在关键技术方向。IMT-2030（6G）推进组认为，未来 6G 网络仍将以地面蜂窝网络为基础，卫星、无人机、空中平台等多种非地面通信将在实现空天地一体化无缝覆盖方面发挥重要作用。基于此，融合 5G、人工智能、低轨高通量卫星及太赫兹等技术的卫星互联网，逐渐成为 6G 重要的演进方向之一。

"手机+低轨卫星通信"将成为拓展信息消费新空间的有力手段。当前，"手机+低轨卫星通信"有望在手机红海市场中开启新的发展方向。根据 Counterpoint 发布的 2021 全年数据显示，排名前五的厂商分别为 vivo、OPPO、苹果、小米和荣耀，市场份额分别为 22%、21%、16%、15%和 10%，头部厂商无论是技术还是服务都达到了较为全面的程度，且瓜分了绝大部分的市场份额，在细分市场极致化现状下，手机销量同比增长缓慢且创新发展空间趋于饱和。面对复杂的行业环境和激烈的外部竞争，必须瞄准前瞻性、革命性的创新技术，加快推动手机产业与低轨卫星通信产业的融合发展，满足用户不断升级的消费需求，开启手机行业新的发展方向。此外，"手机+低轨卫星通信"是构筑未来信息消费新空间的有力手段。据公开资料整理，未来 5 年低轨卫星通信组网建设规模将超百亿元，低轨卫星通信全产业链市场规模也将超千亿元。无论是卫星制造、卫星发射，还是新型网络设备和手机等终端制造，以及运营服务和内容生产等各环节，都将因手机产业与卫星通信产业的碰撞不断产生可观的"化学反应"。

软件定位卫星将开启卫星互联网"智能"新起点。2021年7月，由欧洲航天局（ESA）资助、空客防务与航天公司（ADS）研制的全球首颗真正意义上的软件定义卫星 EutelsatQuantum（量子通信卫星）发射成功，该卫星可实现覆盖范围、频率、带宽、功率等性能的在轨重构，同时还可以依托波束赋形技术为移动载体或热点用户提供自适应带宽、探测和定位干扰信号进行规避。伴随多功能可重构系统架构、多功能软件星座优化方法、多功能软件星软件组件化技术、多功能软件星智能化技术实现突破，软件定义卫星市场规模将持续扩展，据市场研究机构BIS Research发布的《2019—2030年全球软件定义卫星市场预测——专注于终端用户、质量、轨道技术、分系统和服务》报告，预测未来10年全球软件定义卫星市场的复合年均增长率达到15%，有望全面创新培育卫星互联网新模式。

五、元宇宙

五大底层技术将改变用户和内容交互模式。长期来看，随着VR/AR/MR、AI、NLP、计算机视觉，视频渲染、云端虚拟化、脑机接口等技术的逐步落实，网络、算力、显示、芯片、交互等大的底层技术在未来将逐步改变用户和内容的交互模式和方法，孕育形成一个新一代的内容消费体验。未来关于显示和内容交互，在下一代的设备终端会有完全创新的交互形式，比如目前的智能眼镜，未来更多元的可穿戴智能设备等，创新交互将不断发生。这些创新会随着产业底层要素的集齐而不断涌现。

三维内容将成为元宇宙的核心数据。当前，我们正在从基于二维屏幕和基于二维内容的互联网转向元宇宙，即以三维空间的形式来呈现内容，并以三维空间的形式与内容交互。民众在虚拟世界中花费的时间可能会超过在物理世界中花费的时间。目前，人们每天在二维屏幕上平均花费10~11个小时。未来我们将会以头戴显示设备作为三维虚拟世界的切入点，获得更好的教育、更低的成本和更高的生产力，进一步用虚

拟内容增强现实世界。

更精细化落地词汇将取代元宇宙。目前从消费者需求来看，数字资产需求已开始爆发，但是和现实生活的连接还值得讨论。短期来看，各个行业包括 To C 和 To B 领域都在拥抱元宇宙的概念，都在寻找落地场景，或者在创造场景和概念。长期来看，元宇宙这个词将会被细分赛道更落地的词汇所替代，比如虚拟人、数字助理、3D 社交、VR 和 AR 应用等。

后　　记

《2021—2022年中国未来产业发展蓝皮书》由赛迪智库未来产业研究中心（无线电管理研究所）编撰完成，以期为国家和地方各级政府、相关企业及研究人员把握未来产业发展脉络、研判未来产业前沿趋势提供参考。

本书由王世江副院长担任主编，韩健统稿。全书主要分为综合篇、政策篇、热点篇、领域篇、区域篇、园区篇、企业篇、学院篇、机构篇和展望篇共10个部分31章。

其他参与本书撰写的人员包括彭健、钟新龙、周钰哲、滕学强、孙美玉、王聪聪、彭璐、李雨凌。

在研究和编写过程中，本书得到了相关领导和行业协会等专家的大力支持和指导，在此一并表示诚挚的感谢。

本书虽经过研究人员和专家的严谨思考和不懈努力，但由于能力和水平所限，疏漏和不足之处在所难免，敬请广大读者和专家批评指正。同时，希望本书的出版，能为探索我国未来产业发展的基础理论、发展模式和具体路径提供有效支撑。

反侵权盗版声明

电子工业出版社依法对本作品享有专有出版权。任何未经权利人书面许可，复制、销售或通过信息网络传播本作品的行为，歪曲、篡改、剽窃本作品的行为，均违反《中华人民共和国著作权法》，其行为人应承担相应的民事责任和行政责任，构成犯罪的，将被依法追究刑事责任。

为了维护市场秩序，保护权利人的合法权益，我社将依法查处和打击侵权盗版的单位和个人。欢迎社会各界人士积极举报侵权盗版行为，本社将奖励举报有功人员，并保证举报人的信息不被泄露。

举报电话：（010）88254396；（010）88258888
传　　真：（010）88254397
E-mail： dbqq@phei.com.cn
通信地址：北京市海淀区万寿路173信箱
　　　　　电子工业出版社总编办公室
邮　　编：100036